U0806122

世界文明摇篮丛书

黄河

拜谒龙的故乡

王志刚　许立新　编著

黄河水利出版社

编者的话

自远古时代起，人类就逐水而居。人类社会早期对以水为主的先天环境有着很强的依赖性。在史前文化的最初阶段，先民的居住生活均有赖于合适的灌溉条件，而大河流域肥沃松散的土地，便于从事简单的生产与劳作，进而发展智力活动与文明，所以，综观历史，古代文明无一不是在大江大河流域内孕育和诞生，无一不是得益于河流的滋养。在东半球，最古老文明的发祥地，如埃及、古巴比伦、印度和中国，即通常所说的四大文明古国，分别位于尼罗河、幼发拉底河与底格里斯河、印度河、黄河河畔，由于与大河有明显联系，人们将其称为大河文明；在西半球，南北美洲的史前文明被通称为印第安文明，分别散布在辽阔壮丽的密西西比河流域与广袤神秘的亚马孙河流域的森林中，还有伏尔加河、莱茵河、多瑙河……都以其优越的地理条件为文明形成提供了物质基础，成为各自民族繁衍、发展的摇篮。

虽然，并非所有的流域都能产生古文明，但散布于世界的那一条条大江大河，在铸就民族的历史和决定国家兴衰变迁中的作用却是无一例外的，正所谓“水流到哪里，历史的刻石就标注在哪里”，因此它们才以“母亲河”或“父亲河”而著称。

孕育历史，创造文明，每一条大河都有其特点，都是人类智慧的源泉。由于河流本身的内涵力，加之人类与生俱来的亲水性，使河流与人类相伴而存，大河的两岸成为人类生活的地方。仁者乐山，智者乐水，文人墨客寄情山水，在自然胜景中蕴涵的人文精神成就了各具特质的水文化。无论是古代人类社会生产的发展，还是文化成就的铸就与辉煌，都产生于对于自然，尤其是对于水的认识、理解和利用中。人与河流，人与自然，可谓唇齿相依，早已相互融合为一体。人类给予大河以“母亲河”的神圣尊称，是对她沧海桑田变幻的最好总结，同时也在向世人宣示要善待河流，合理开发，维系人与自然和谐相处的道德准则。

这里，我们组织编撰出版“世界文明摇篮丛书”，旨在系统揭示河流与人类文明“摇篮”的血脉关系，释解世界大河地理、历史风貌的变化，赏读大河流域的自然胜景，探索大河文化的人文内涵。主题虽是河流，但不是单纯介绍水利学科和系统，而是围绕河流阐释其丰富的人文学科价值，诸如，写两河流域，让人去“探寻失落的文明”；写黄河，让人去拜谒“龙的故乡”；写亚马孙河，让人去做一次“生命王国之旅”；写密西西比河，让人去“解读”一下“美利坚”……总之，“世界文明摇篮丛书”的10个卷册，将以通俗、精练的文字，多层面、多视角、多方位且各具特色地表现大河的丰富内涵。这套丛书特别注重知识普及性、旅游观赏性和趣味可读性，每个分册以10多万字的精练文字，随文配发近百幅图片，让人读起来有兴味、可感视。每一节都配有文字优美且言简意赅的内容提要，以适应快节奏状态下生活、工作的读者的阅读需求。

本丛书在组织编写过程中，除作者提供部分图片外，还选用了有关书刊等的图片资料，由于署名不详，无法一一核实，敬请作者谅解并与出版社联系，出版社将付酬。

该丛书的出版得到多方面关注和支持，在此一并致谢。但愿“世界文明摇篮丛书”能在作者、编者的共同努力下达到设计的初衷，以飨读者。

自　序

黄河，是一个伟大民族的摇篮。是她，伴随着人类走过从直立向现代人进化的整个漫长里程，我们把这一里程称之为远古。“远古”与黄河的衍生史相比，实在不算什么，但远古所蕴涵的人类的历史意识、创造精神和由此而衍生的远古人类文化，则分明标示着人类与黄河不可分离的关系。说中华民族的摇篮是黄河，是因为中华文明的主流，自从三皇五帝以来的数千年里，始终围绕着黄河流域演展。黄帝、炎帝的涿鹿之战，禹立九州之第一个王朝，商汤的鸣条之役逐夏，周武朝歌之战灭纣，秦皇汉武的“大一统”帝国，唐宗宋祖的略输文采，成吉思汗的弯弓射雕；神农的“亲尝百草”教民耕种，商汤的甲骨、青铜文明，春秋战国的百家论争，孔子的百代先师，司马迁的史家绝唱，诗仙诗圣的超凡气象，繁华的清明上河画卷，不朽的戏曲小说——这些先人的武功和文治，有哪一样能离开黄河，有哪一场大戏不在黄河这个大舞台上演绎！

在中华民族同黄河之间的共生关系中，从来都不是一帆风顺、万里波平的。从女娲补天、鲧禹治水开始，人类就在与黄河的混融、搏击中共生、共存。人类在享用黄河带给的“河清海晏”的太平盛世的同时，也曾无数次遭遇滔滔黄水、沉沉黄沙的重击。深埋于黄河之下的北宋繁华的京都开封，就是大河之威赋予人类伤痛的明证。

但尽管如此，龙的崇拜还是起源于黄河流域，这也正标示着这个民族与大河的不离不弃，标示着这个大河流域民族对她的生命之河的眷恋和敬畏。

黄河，尼罗河，底格里斯河、幼发拉底河，印度河、恒河，这几条著名的东方大河，孕育了四大文明古国，构成了人类神往的文明标志，成为人类文明的摇篮，而其中，只有黄河文明——中华文明，是唯一不曾断裂的、顽强地彪炳于世界的文明。现在，让我们循着历史的轨迹，穿过时间的隧道和长廊，追寻古人留下的印记：或真实可以明证的，或传说令人神往的，去领略这条大河赋予一个伟大民族的生命华章，去感受龙的传人在大河的怀抱里曾经经历的艰辛、动人岁月，这正是我们编写这本书的本意。当然，中华文明"满天星斗、四面开花"的丰富内涵绝不是一本小书可以表述的。这里，我们只是选取一些主要发生在黄河流域的一些历史事件与故事，以图文并茂、通俗趣味的表述方式作一点普及历史知识的尝试。

在编写过程中，我们得到了众多师友的帮助。"世界文明摇篮丛书"总策划朱兰琴编审，长期研究黄河、宣传黄河，自然对黄河分册付出了更多辛劳。她为本书拟定的章节目录，在写作过程当中的及时指导，初稿完成后提出的大量增补、删节，甚而着笔点睛等，她为本书所作的贡献，已融入全书的字里行间，在此我们特别致谢，同时为完成书稿，我们还参考了前辈时贤的有关研究成果和精辟见解，一并在本书参考文献中注出，以示不敢专美。书稿初步完成后，请黄河水利委员会侯全亮研究员、郑州大学王星光教授阅审并提出宝贵意见，在此一并致谢。

王志刚　许立新

2008年10月

目　录

Yellow River

黄河

拜谒龙的故乡

第一章
人类何时投入黄河的怀抱

地质时期，当人类的身影还在匍匐、颤立时，黄河就已在经历着、创造着挣脱群山万壑、跃出浩瀚海洋、孕育大河生命的过程。史前的黄河就这样流淌过了亿万斯年，并伴随着人类走过从直立向现代人进化的整个漫长里程，我们把这一里程称之为远古。“远古”与黄河的衍生史相比，实在不算什么，但“远古”所蕴涵的人类的历史意识和创造的远古人类文化，则预示着童年时代的人类与黄河关系的开始。这个历史意识，不仅根本改变了黄河的面貌，也结束了中华民族远祖迁徙无定的生活，启开了另一扇介入自然的大门——农耕定居生活。

大河从远古走来

“山中无甲子，岁尽不知年”，这句话很形象地道出了初始的人类还不知纪年的状态下时光流逝。黄河的生命和人类的生命诞生过程一样，是那么悠远、那么漫长。伴随着地质构造的不断剧烈震荡起伏，在现黄河流域的区域内，许许多多的古湖盆及注入湖盆的各自独立的水系，彼此不停息的融汇、连通，不知疲倦地孕育着这条大河。也正是在这个过程中，人类的猿人祖先在她的怀抱里，完成了从爬行到直立、到智人直至向现代人的进化与挺进。如果说人类完成这一过程要大约300万年的时间，而黄河的演进与诞生又何止300万年？！

沉默的青藏高原，在远古时代却是一片汪洋大海。第三纪以来的地壳运动，使古地中海撤出，喜马拉雅山随之崛起，缓缓升高，形成今日的景观

要问黄河从哪里来，我们说，黄河从远古走来，从遥远的历史深处走来。和人类的生命过程相比，黄河生命的诞生同样是那么的悠远，那么的漫长。人是在黄水与黄土的混融中诞生的，而黄河是在远古的海洋、高山、湖泊的变幻中诞生的。海洋生出高山，高山生出黄河。黄河，同世间万物一样，经历了一个孕育、诞生和壮大的生命过程。

在遥远的地质年代，地球表面的形态跟现在大不一样，许多现在是高山或高原的地方当时还是大海或平地。现在的黄河流域，早在 1 亿 8 千万年前还是东高西低的地势，西部为海洋，属古地中海水域；东部乃是古大陆。期间，注入大洋的河系是由东向西流。后来的一次次造山运动，使西部地区抬升，青藏地区逐渐隆起为高原，并成为世界屋脊。由此，奠定了我国河流由西向东流的格局。

在距今 240 万年至 150 万年，受两次规模较大的冰川活动的影

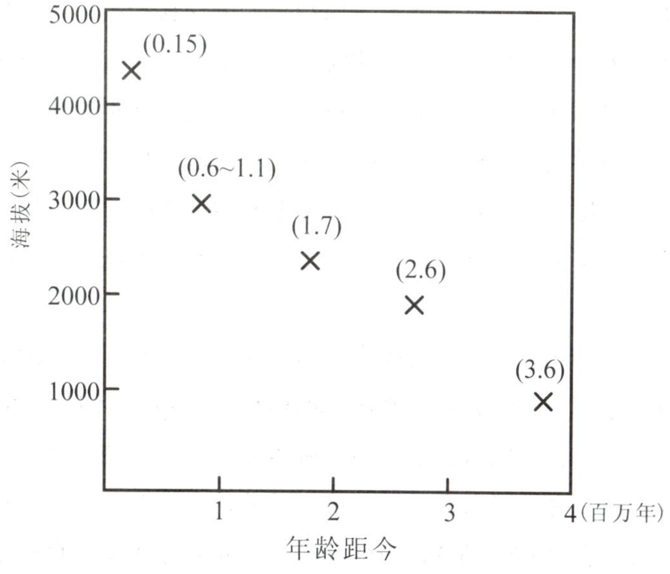

最近 400 多万年以来青藏高原隆升过程示意图

响，气候干寒少雨。尽管如此，在现黄河流域的区域内，仍有若干大型湖盆及不计其数的小型湖泊和湿地散布其间。自西而东的大型湖盆有玛涌、唐克、共和、银川、河套、三门、太原、洛阳、沁阳、大名、肥乡、宁晋及文安（包括今天的渤海疆域）等。这许许多多的古湖盆及注入湖盆的众多的内陆水系，各自独立，彼此分离，但它们构成了孕育古黄河的基础。而那时我们人类的猿人祖先正在她的身旁度过爬行的生涯。

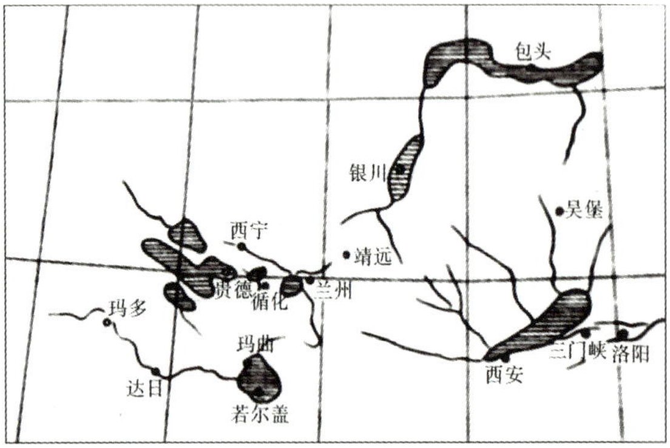

距今340万～170万年前黄河水系格局

在距今150万年至120万年的这段时间里，随着冰河时代的结束，气候转暖，冰雪消融，降水丰沛，水流的侵蚀能量大大增强：流水下切作用的加剧，使原来浅浅的河底逐渐变深；强烈的溯源侵蚀作用，又使源头的位置逐渐向河流流向相反的方向移动，为此，日积月累，将分水岭一一打开，两边的河流贯通汇合，共和至三门区间的湖盆水系得以融汇连通，原始的古黄河也就由此而诞生了。

就在这一侵蚀期内，横亘于各湖盆间的古隆起被切开而成为原始峡谷，谷深一般有三四十米，这是黄河最古老的河道，与此同时，伴随着两侧的大支流的发育，黄土高原上新生的河湖串联的内陆河系也诞生出来。

此后的几十万年里，在地质构造的不断起伏变换与河流持续溯源侵蚀袭夺的过程中，原来处于独立、封闭状态的水体，不断连通、外泄，特别是三门、沁阳古湖盆河系的强烈溯源侵蚀，使三门与洛阳之间的崤山被切开，豫晋古峡谷形成，从此，为中西部高原的古内陆水系打开了向外排泄的通道，而使黄河东扩；也由此，存在了

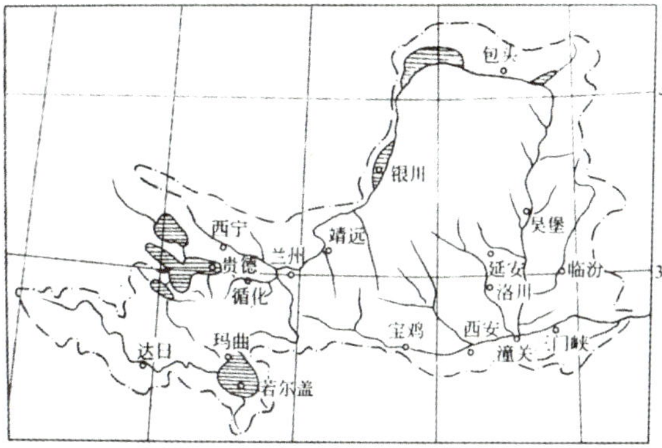

距今110万～14万年前黄河中上游水系格局

将近1900万年的古三门湖逐渐被疏干而萎缩消亡。

黄河追随着地球历史，不知疲倦地变幻着自己的身姿。到距今50万年至10万年，共和至孟津古黄河干支流进一步发育，尤其是黄土高原，已形成了以古黄河干流为主体的统一的水系网络。而在距今12万年至10万年前，下游古黄河也大致形成。沁阳、大名等一系列独立的内陆湖泊水系相互串通联成一体，同时，又与来自中西部高原的古黄河汇合，便出现了一条西起共和东至文安的内陆大河。此时的海洋已退至古东海大陆架，古渤海还只是一个宽阔的淡水湖泊。

古黄河由内陆面向海洋，这在黄河发育史上是一次历史性的大转折。在距今10万年至7万年前，气候再次转暖，冰川消融，海平面大幅度上升。大海不仅侵占了古渤海全境，而且将西部海岸线扩展至今河北献县稍东，古黄河也顺势于此处注入古渤海。从此，黄河与大海结下了不解之缘，黄河的演化受到海洋变迁的控制，特别是下游黄河的进退，无不受制于海洋。

在此后数万年的漫长岁月中，东部海洋数次进退，黄河下游河道也随之回缩延伸。与此同时，在黄河上中游，随着河套、银川两个巨大的古湖泊疏干消亡，共和以上的古湖盆（唐克、玛涌）间的高地被切穿，拉加峡、多石峡等大峡谷产生，从而为唐克、玛涌两大湖泊开辟了外泄通道，古黄河自河源而下已全线贯通。此后，直至近万年前，唐克与玛涌两个古湖先后干涸，除仅存河源地区的扎陵湖和鄂陵湖外，古黄河中上游沿程的古湖泊也大都消失殆尽，从而结束了古河湖串联的历史，形成了黄河大一统的新局面。与黄河相伴，也正是在这个时期，即最迟在1万年前，人类也进化成具有现代人的特征了。

黄河的生成与发育史铸就了今日黄河的两大特色：一是湾多，俗话说"黄河九十九道湾"。其原因就在于由众多独立的古内陆湖盆河系衍生而成的古黄河，流向多变、多湾，产生众多的河套，称黄河"九曲"，自然不是虚言了。再一个特色是河道新老结合。这是因为在不同地质历史阶段形成发育而成的各段河道，寿命长短自然不一。桃花峪以上继承了古黄河，历史悠久自不待言；而桃花峪以下的黄河下游河道是黄河干流中最年轻的，有的河道年龄只有几百岁甚至几十岁。各段年龄相差如此悬殊，却组成一条统一的河道，这在世界大河发育史上也是不多见的。

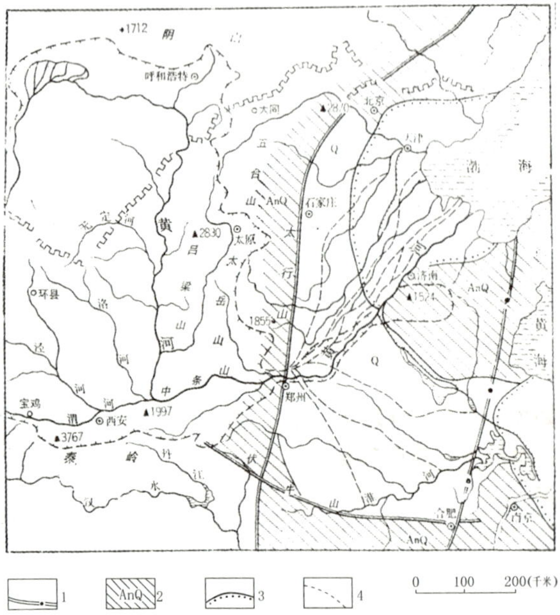

黄河古河道展布及全新世海侵（渤海）最大范围略图

位于黄河下游的华北平原在地质历史上是一个长期沉降的地区，沉积物最重要的一个来源就是黄河从上中游带来的泥沙。泥沙的堆积不仅营造了华北平原，也使黄河下游的河道不断延伸、改道，并高悬于两岸地面之上。沿太行山东侧北流的下游古黄河（后人称之为"禹河"），行河时间长达11万多年，终因难以抵御泥沙的长期淤积而改道。从公元前602年到1855年，又历经多次改道的黄河下游河道，展布在北至天津南达江淮的广大区域，直至清咸丰五年（1855年）决口铜瓦厢，夺大清河于现垦利县境内入渤海。

黄河流域水系分布示意图

黄河的发育史上最鼎盛的时期，大约在两万多年前。那时冰期来临，海水再次东撤，古黄河跟踪东进，于古济州岛西南侧入古东海。这是古黄河流程最长、集水面积最大的时期，发源于太行山、燕山及朝鲜半岛西侧的河系均汇入黄河。那时的北京、天津等大范围的区域也当属黄河流域了。黄河的这一历程，自然也赋予了黄河文化更广阔的意义。

遥启天边东入海

“黄河之水天上来”，诗人如是赞颂黄河起源的神秘；“奔流到海不复还”，诗人如是咏叹黄河入海的壮美。今天的我们，深入到黄河源头的腹地，看到了这样的一幕：在昆仑山的东缘，冰泉叮咚涌出、水泊星罗棋布，相联如络，共同汇成黄河清冽的源头之水。其后，黄河一路向东蜿蜒，人们称之为“九曲黄河”，至华北平原，她豁然扩展，不得不被束缚在两岸大堤之间，以“悬河”的特有景象向大海奔去。

山重水复黑山峡，位于甘肃靖远、宁夏中卫之间

中国大陆自西向东倾斜，高低悬殊。黄河依势自西向东而下，大致呈三级台阶：西部海拔在3000米以上，属青藏高原；中部海拔在1000～2000米，绝大部分属黄土高原；东部海拔大多在100米以下，属黄淮海平原。李白豪放的诗句“君不见黄河之水天上来，奔流到海不复回”写出了黄河之势。确实，中国大地自西向东陡然跌落的大势，决定了黄河一去不复回的气度。

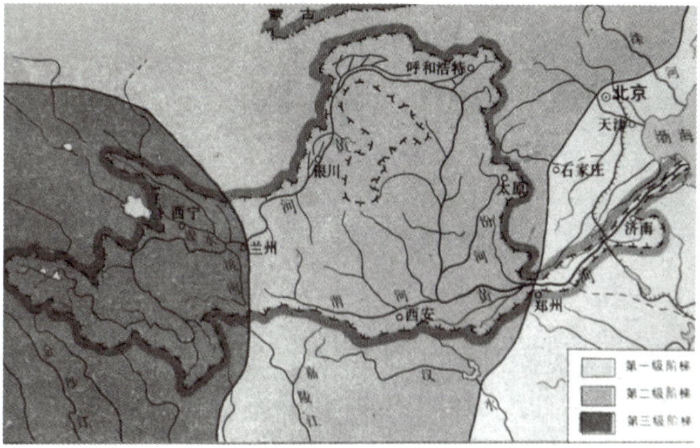

黄河流域地势阶梯图

黄河发源于青海省巴颜喀拉山北部约古宗列盆地，海拔4500米。这里，远处可以遥望巴颜喀拉山的雪峰，周围是一些并不算高的山岭与丘陵，足下可见绿丛草地之间的清泉、细流。黄河，就在这并不巍峨的高原盆地间，默默起步，开始了她的万里征程。

黄河离开源头向东流经的第一个“加油站”是星宿海。所谓

源区湿地

“海”，并非到处是水，而是在盆地低洼处聚集有点点水泊，在阳光照耀下，波光粼粼。黄河从这里得到水的补充，进入扎陵湖和鄂陵湖。

黄河流入扎陵湖

在藏语中，“扎陵”表示白色，“鄂陵”表示青色。扎陵湖浅，鄂陵湖深，在风起浪涌时各显“本色”。这里人烟稀少，景色宜人；既是鸟的世界，又是鱼的乐园。加上牛羊、野驴、白唇鹿……或悠然踱步，或成群奔跑，正是人、兽、草、木和睦共处，天人合一的友善圣地。

黄河出鄂陵湖东南而下，沿阿尼玛卿山南侧在阿尼玛卿山与巴颜喀拉山之间的古盆地和低山丘陵区中穿行。阿尼玛卿山，古称积石山，一直被果洛部族崇拜为祖先山。它的主峰玛卿岗日，海拔6282米，是黄河流域的最高峰，很少有人涉足领略其“庐山真面目”。

鄂陵湖

接着，东南流去的黄河走过了第一大湾——唐克湾。提起唐克湾，就不能不提起黄河流经的第二个省份四川。在黄河79.5万平方公里的流域面积中(包括内流区4.2万

龙羊峡谷，是黄河干流上比降最陡的峡谷，峡长38公里，落差235米

平方公里)，四川省所占的比例最少，仅占2%。这就是因为黄河在四川境内受岷山迎面阻挡，不得不一改东南流向而调头西北，环绕积石山兜了一个大湾，这就是唐克湾。

黄河流出第一湾后向西北行进，至龙羊峡，黄河又转变180度向东，形成第二个大湾。两湾相连，整个形成一个“S”形大转折。由此黄河穿过青藏高原的边缘进入黄土高原。由于两大地形单元高度相差悬殊，巨大的落差和持续不断的侵蚀，在青藏高原的边缘形成了一系列峡谷和瀑布。其中，拉加峡最长，峡谷长216公里，伸展绵长；野狐峡，则在艰险中透出灵气，两岸山岩最窄处仅10余米，据说野狐可以一跃而过；而龙羊峡则最为壮观，两岸壁立对峙，中间一水奔流，黄河恰似一条被深深嵌入地球深处的细带，让人惊叹与眩目。

在龙羊峡西北方，黄河流经

大通山、日月山和南山下，三山环绕下的青海湖，是我国最大的高原湖。湖面海拔3195米，面积达4473平方公里。一眼望去，浩瀚无际，碧波连天，一派“青蓝色的海”的风光。

而日月山，正处在黄土高原与青藏高原的分界线上。传说1300多年前，唐朝文成公主进藏。行前，唐太宗特意制作一面黄金日月宝镜送给她，嘱她在思乡时拿出日月宝镜照照，就能从中看到她想念的亲人。当和亲队伍走到一处叫赤岭的山上时，文成公主站在山顶，东望长安，思乡愁绪油然而生。然而，她又猛然想到此去和亲的重任在肩，随即断然摔镜于山头，以表此去决心，毅然继续西行。赤岭山也由此得名日月山。文成公主带走的不仅是丰厚的嫁礼，也带去了盛唐文明的火种。

过日月山，黄河流经贵德县的拉西瓦峡谷。由此向下，李家峡、刘家峡、盐锅峡、八盘峡等一系列水利枢纽和水电站组成黄河干流上的一道道亮丽风景，灿烂夺目。

拉西瓦峡谷

黄河流过一系列峡谷河段和水电站，进入宁夏中卫和银川平原。之后，由于黄河在内蒙古境内受阴山山脉阻挡，从此转向东流，横贯了内蒙古河套平原，直至内蒙古托克托受山西吕梁山阻挡，折转南下，进入晋陕峡谷。由此，构成了黄河的“几”字形大套湾。该河湾东西横跨鄂尔多斯台地，长达300公里。民谚所谓“黄河百害，唯富一套”指的就是这里。

腾格里大沙漠。黄河由甘肃进入宁夏，迎接她的首先就是沙丘起伏的腾格里沙漠

黄河从源头到内蒙古托克托县的河口镇为上游，长3472公里。黄河在上游段接纳了较大支流43条，黄河水量的50%以上都来自这里。

从河口镇向下进入黄河中游，至河南郑州桃花峪，中游河段长1206公里。黄河在中游地区切开了世界上最大的黄土高原，汇入来自黄土高原的较大支流30条，滚滚泥沙随之而来，铸就了黄河多沙的特性。黄河每年输送的16亿吨泥沙，有90%来自中游，而中游的来水量仅占全河的45%。

黄河在河口镇以下进入晋陕峡谷。从这里开始，黄河面目全非，一派浑浊。黄土高原疏松的土质，特别发育的支流水系，把千沟万壑的水沙输入黄河，使每立方米的河水含沙达35公斤，居世界之首。也由此，使黄河成为世界上最难治理的河流。

晋陕峡谷中的黄河，虽沙尘满目，但乃不失其灵性之美。在飞流直下的700多公里的河段内，有许多美景奇观。其中最为壮观的如“万里黄河一壶收”的壶口瀑布，“龙门三跌水”的龙门。在壶口，黄河被两岸巨大的石崖钳向谷心，使原来约300米宽的河床一下子收窄至40米左右。河水从18米高的“壶嘴”里飞流直下，水雾弥天，形成黄河上最著名的旷世奇观。

夏日壶口

壶口向下游约65公里处就是龙门。在龙门，两岸伸出的山脊夹黄河于其间，形成只有100多米宽的“门”，而出了龙门，黄河即在开阔平坦的关中平原荡漾了。这一束一放，形成的水位差和“三跌水”，就有了自古以来相传的“鲤鱼跳龙门”的神话。说是每年春天，成千上万的鲤鱼游到这里，拼足力气跳龙门。凡跳过去的便可以成龙。最终只有那些不畏险阻、百折不挠的小鲤鱼才能跳跃成龙。从这个美丽的传说中，似乎让我们领略了华夏子孙鱼变龙的不息奋斗精神。

黄河出龙门

黄河出了龙门，直流南下，进入汾渭地堑盆地。这里，河谷展宽，河道宽浅散乱，有汾河、渭河两大支流来汇。渭河水系发育，特别又有泾河、北洛河等多沙支流的汇入，使渭河平均每年向黄河输送的泥沙约占黄河年输沙量的1/3。

黄河接纳渭河之后，在陕西潼关由于受阻华山，急转东流，成90度大湾，然后沿秦岭北麓直趋三门峡。由于南有秦岭，北有中条山的挟持，黄河在这里走过了干流的最后一段峡谷——八里胡同，之后，就在黄淮海平原上游荡了。

自郑州桃花峪以下至渤海入海口为黄河下游，长786公里，两岸全靠大堤约束。黄河从中上游挟带的泥沙，在自然情况下，约有1/4淤积在下游河道中，另外3/4输向河口。由此，年复一年，使黄河下游成为著名的“地上悬河”，而输向河口的泥沙，其中2/3淤积在渤海滨海区。近50年来，黄河以每年平均近24平方公里的造陆面积，完成了她万里行程中最后一段杰作。

地上“悬河”，如今，黄河下游河床已高出大堤背面4～6米，比两岸平原高出更多，成为淮河、海河的分水岭

黄龙入海，清浊相交

天赐大河“黄”姓的生命特质

黄河流经了世界上最大的黄土高原，携带的大量黄沙使之呈现为浑浊的黄色，故而得名，而这源源不断的黄沙来源于茫茫一片的黄土地，它是我们中华民族的老家。有古文化学者的一种说法，中华民族的始祖公孙轩辕，号称“黄帝”，黄帝的“帝”字，可能就源自土地的“地”字；而黄帝时代的部落民众，将流经那个时代的黄河与黄帝的英雄业绩联系起来，又是很自然的事情，所以，以黄帝之“黄”，赋予了大河特殊的生命和精神。这种自然的、人文的特质，结合在一起，共同奠定了黄河文化的基础。

黄土高原鸟瞰

讲起黄河，就离不开黄土与黄土高原。

黄河在黄土波峰波谷中蜿蜒

黄河中上游的黄土高原，面积达64万平方公里，其中以黄河中游的黄土丘陵沟壑区面积最大。这里，黄土的厚度薄处几十米，一般达100～200米，个别地方甚至达300～400米。其黄土分布的面积和厚度都居世界之冠。

有人说，置身黄土高原，才真正领略了大自然的伟大和不可抗拒；品评黄土高原，可谓是世界独一无二的黄土博物馆。在黄土高原上放眼望去，映入眼帘的是黄色的原野，黄色的道路，黄色的房舍，黄色的尘埃，一片以黄色为基调的世界。黄土高原的地貌形态，就宏观而言，以区域地貌形态反映，有黄土高原、黄土盆地以及黄土冲积平原等。就微观而言，黄土堆积与侵蚀形成的地貌形态，千奇百怪，蔚为壮观。地形起伏不大的高地面为黄土塬，这里黄土塬面一望无际，坦荡无垠，但往往深的沟谷会突然出现在你面前，有的甚至达百米之深；地面起伏显著的是黄土丘陵，在这里

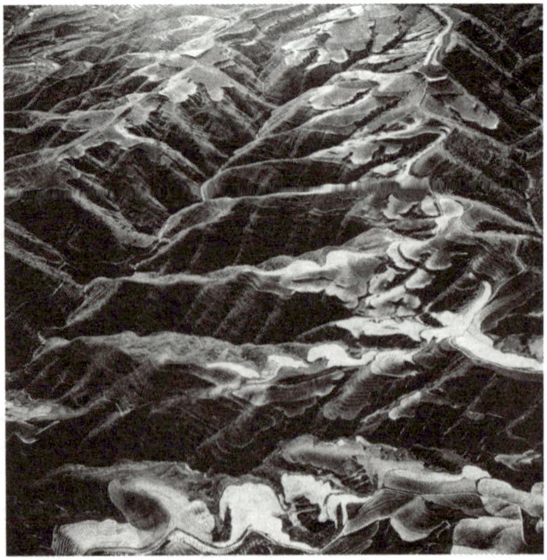

高原黄土梁

高原黄土峁

黄土堆积的形态或呈长条形的"墚"，或呈馒头形的"峁"，还有黄土沟、黄土崖、黄土桥、黄土柱……种种特有的黄土奇观，充分展现出千百年来尘暴尘降堆积与侵蚀出来的大自然的神笔。

黄土高原和无休无止的侵蚀过程，铸就了黄河多沙的特性。自古以来，黄河就与黄土相伴而行。据史书记载，黄河之名始于西汉，汉前，称大河或河。不过，春秋时已有黄河多沙的记载了。春秋时《周诗》吟："俟河之清，人寿几何？"东汉张戎也曾指出，"河水重浊，号为一石水而六斗泥"（石音dan，一石等于十斗）。到了明代潘季驯更有"黄河最浊，以斗计之，沙居其六，若至伏秋，则水居其三矣"。这种种记述都表明，黄河之多沙不仅由来已久，而且人们对黄河泥沙的认识也逐步深化。潘季驯已深知含沙量大小随季节而变，而宋人就曾通过淤灌知道"夏则胶土，肥腴，初秋则黄灭土，颇为疏壤，深秋则白灭土，霜降则皆沙矣"，总结了黄土泥沙的质地随季节的不同而变化。至于现代与古代相比，对黄河泥沙的认识的深化自然就更不能同日而语了。

输送泥沙的千沟万壑

黄河对黄土，既敬畏又无奈。黄土，既给予黄河一种特殊的生命价值，又给予黄河一种难以驾御的生命负担。没有黄土，就不称其为黄河，而有了黄土，又给黄河的治理带来种种问题，使黄河成为世界上最难治理的河流。但从根本来说，黄土是上苍赐予华夏民族极为宝贵的“礼物”，黄土养育了华夏民族的先民。早在半个多世纪前，一位西方学者就把黄河流域的远古先民称为“黄土的儿女”。

人类的文明发展，是建立在农业经济的基础上的。黄河流域与黄土高原，之所以成为我国最先出现农业的地区，除从距今8000年前到距今3000年前左右黄河流域温暖湿润的气候环境外，肥沃的土壤为农业生产提供了重要条件。

在古代，人们称黄土高原的土壤为垆土和黑垆土。垆字有黑色之意，表明那时黄土高原的土壤是比较肥沃的。黄土高原的土壤中腐殖质含量较高且厚，垂直的纹理，比较均匀的颗粒，既适合植物的根系向下生长，也适宜下层的肥料和养分被带到表层，自肥能力强。加上黄土结构疏松，便于使用石器等较原始生产工具耕作，使中华民族的祖先得以利用黄河流域的这片黄土地，发明和发展农业生产，从而创造了辉煌、灿烂的古代文明。只是后来在漫长的历史时期，由于黄土高原的土壤被不断严重侵蚀，才使其肥力大大下降了。

黄河、黄土、黄种人，就是这样构成了息息相关的生命关系。黄河是中华民族的摇篮，而黄土高原是孕育黄河的母体，黄土则是组成黄土高原的物质基础，从猿人、智人到现代人，黄土高原集远古到现代人类文明进化与文化发展之大成，深埋着人类繁衍发展的远古岁月。它鲜明地告诉我们，黄河的文明，也是黄土的文明。

位于陕西佳县黄河岸边的“香炉寺”

黄土垄下的远古岁月

可以想见，中华民族的祖先，是在踏遍了当时的山山水水之后，才最终找到了这广大宜居的黄土地。那时散居在黄河流域各地的中华民族的先人，留下了自己为着生活生产奔波辛劳的斑斑点点。这些零零碎碎的遗迹，就像夜空中的繁星，闪闪发亮，昭示着黄土垄下曾经长明的人类的篝火。

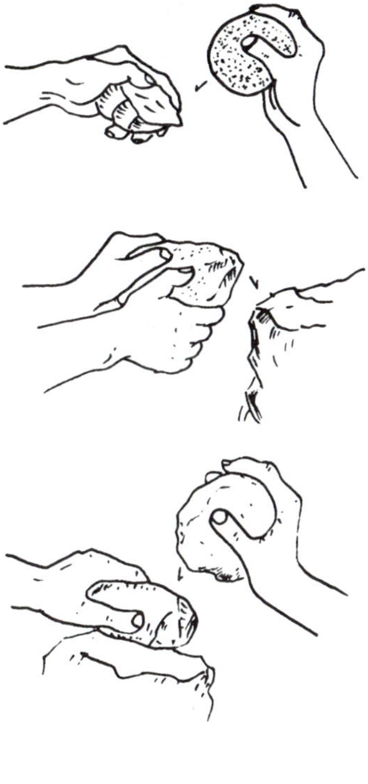

“山顶洞人”复原像（左）
石器直接打击法示意图（锤击、碰砧、砸击）（右）

在远古人类的进化过程中，从“能人”到直立人、早期智人、晚期智人，时间大约经历了距今有300万年。在黄河流域发现的不同阶段的人类遗迹，生动地再现了黄河流域远古人类的进化过程。人类文化历史是伴随着使用石器开始的。使用石器，在人类早期历史中具有普遍意义，构成了远古人类文化最突出的标志，始终以打制石器作为自己生产和生活中最重要的工具。最初，人们把两块石块相互撞击，打击出锋利的刃、尖，于是最简单的石器形成了。人类学家把这种用打击的方法打制石器的阶段，叫做旧石器时代。以后再用磨的方法，即磨制石器的阶段，叫做新石器时代。

漫长的旧石器文化时期，与人类进化一样，经历了三个发展阶段。旧石器文化早期，相当于人类进化的能人与直立人（也称猿人）阶段，沿续时间长达280万年。只不过“能人”还不是完全形成的人，不是完全用两足行走。旧石器文化中期，相当于早期智人（也称古人）阶段，沿续了大约15万年的时间。旧石器时代晚期，相当于晚期智人（也称为新人）阶段，沿续了大约5万年。晚期智人出现的时候，现代人种也形成了，那最迟是在1万年前。人类在黄河流域生存的时间，至少应从180万年以前的西侯度文化时期算起，这里应是人类文明的重要起源之地。以后，又发现了各个时期众多的人类文化遗存。如80万年前活动在陕西蓝田县的“蓝田直立人”；约20万年前活动在今陕西大荔县的大荔人；约10万年前活动在山西襄汾县的丁村人和山西阳高县的许家窑人；直到5万～1.6万年前活动在内蒙古鄂托克前旗的河套人、山西朔县的峙峪人以及山西沁水的下川人，等等，都清晰地揭示出旧石器时代的远古人类在黄河流域生息、劳动的远古岁月，触摸到他们在洪荒、原始的艰苦环境下披荆斩棘的跳动脉搏。

在漫长的旧石器时代，黄河流域的先民们凭借着用石块加工成的工具，面对风云突变的大自然的挑战，顽强地生存下来。那些艰苦卓绝的生活画面我们已无法知晓，只能从深埋在黄土里的化石遗迹，来寻觅他们的足迹，探求那些远古岁月的蛛丝马迹。

西侯度遗址在山西省芮城县风陵渡镇西侯度村，在黄河岸上高出河面约170米的古老阶地上。从地质上说，位于中条山西南端向黄河倾斜的黄土丘陵地带。180万年前，这里是一片广阔的疏林草原，气候凉爽干燥，草木繁盛，长满各种浆果和坚果。丛林里有山西披毛犀、古拔齿犀、剑齿象出没；在丘陵及平原地带，有麋鹿、野牛、羚羊、三趾马等动物在追逐；在河流湖泊中，还有鲤鱼、巨河狸在游动。所有这些，既为西侯度人提供了适宜的生存环境，也为他们提供了丰富的食物来源。他们打制石核、石片、刮削器、砍斫器、三棱尖状器等，使用这些粗糙的石器和木棒，采集植物的根、茎、果实和嫩叶，有时也猎取一些野兽。从挖掘发现的30余件石器和成批的动物化石看，西侯度人已经掌握了用石片加工制造工具的技术，而且还发现一些烧骨，这引起考古学界的极大关注。有人认为这是目前中国乃至世界上最早的人类用火的证据，由此把人类用火的历史推到了180万年前，甚而有称西侯度人为“人类烹调之祖”。不过，还有学者认为，在西侯度遗址发现的烧烤过的动物骨骼可能是偶然留下的，还不能确认西侯度人已经掌握了使用火的技术。但不管

黄河流域旧石器时代主要文化遗存分布

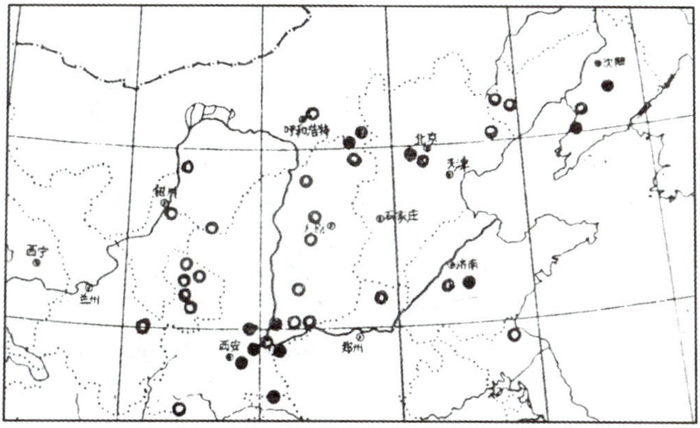

怎么说，西侯度遗址作为我国境内发现的最古老的旧石器时代遗址之一，清楚地再现了旧石器早期黄河流域远古文化的历史画卷。

能直立行走是古猿进化为人的重要标志。“直立蓝田人”的出现可以说是亚洲大陆上人类足迹的初现。他们生活的年代大约在100万～50万年前，晚于西侯度人。

1963年，我国考古工作者分别在陕西蓝田县的公王岭和陈家窝两地发现了古人类化石。公王岭位于陕西灞河左岸的高地，陈家窝位居灞河右岸。公王岭出土的猿人头骨化石和陈家窝出土的猿人下颌骨化石都为女姓，都属于旧石器时代早期用双足行走的直立人。

在蓝田人的文化遗存中，作为劳动工具用的石器，共发掘出200余件。这些石器打制粗糙，反映了其文化发展的原始性，但其中的刮削器已有直刃、凸刃、凹刃和复刃等不同形式，表现了打制技术不断发展的趋向。在遗址处，还发现有灰烬、灰屑与炭粒堆积，说明蓝田人还会使用火，这是继西侯度文化之后，又一处人类用火的证据。

在蓝田遗址发现，与蓝田人同时生存的大约有30余种动物，其中有可供猎获的森林草原动物，也有时常出没在他们周围的凶猛野兽。其中，最引人注目的是有些动物具有强烈的南方色彩，如大熊猫、东方剑齿象、华南巨貘等。有考古学家认为，这一方面表明，那时的秦岭不像今天这么高，还未成为妨碍南北动物迁移的地理屏障；另一方面也说明，虽然蓝田人所处的生活环境是艰苦和凶险的，但动物群的构成及蓝田人生活时期的

蓝田猿人复原头骨

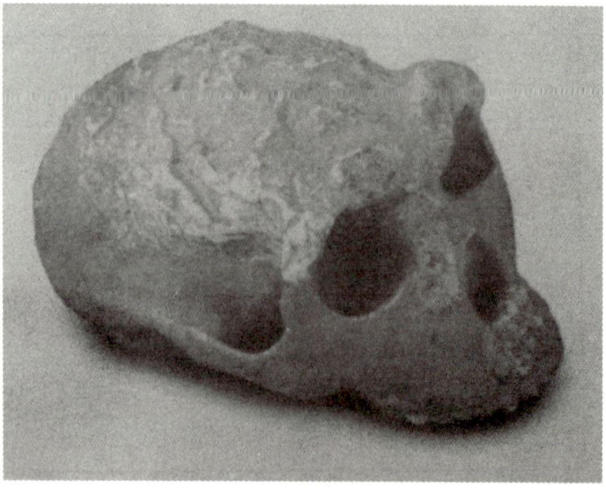

红土层，表明当时这里的气候温暖湿润，山上林木丛丛，山前水草丰实，蓝田人正是在这种既凶险又可依的环境中写下了人类历史上的光辉一页。公王岭蓝田人的年代早于陈家窝人数十万年，两地相距虽只有20多公里，但陈家窝却未见带有强烈南方色彩的动物群，由此也说明了他们生存在相距甚远的年代。

在西侯度人与蓝田人被发现之前，早在20世纪20年代末，考古学家就在北京市房山区周口店龙骨山一带的一个山洞里发现了“北京人”的踪迹：一个完整的头盖骨化石，40多个男女骨骼化石，1万多件石器和大批古生物化石。洞穴中厚达几十厘米到数米的灰烬层，说明“北京人”已经在使用火、把握火，用火熟食、御寒照明。他们一定还用火来威吓侵袭的动物，保护自己的安全。

那时的北京地区气候温和，水量充沛，到处是茂密的森林、丛生的灌木，凶猛的虎、豹、狼、熊等野兽出没其中，成群的大象、犀牛和肿骨鹿在平原上奔驰。“北京人”用简单的工具——木棒、石器猎取食物，同野兽搏斗。但是，这种工具毕竟太简陋了，他们获取的食物是很有限的，靠单个人的力量，没法生活下去，只好过着群居的生活。由于食物没有保证，加上猛兽的袭击和疾病的威胁，北京人的寿命都很短，超过一半的人没有活过14岁。北京人在周口店生活长达数十万年之久。此后又在周口店龙骨山一带发现了山顶洞人（生活在大约3万年前）、田园洞人（距今2.5万年左右）、新洞人（距

北京周口店猿人洞遗址

今约10万年前）的遗迹。周口店遗址成为世界上迄今为止人类化石材料最丰富、最生动、植物化石门类最齐全而又研究最深入的古人类遗址，被列入《世界遗产名录》。

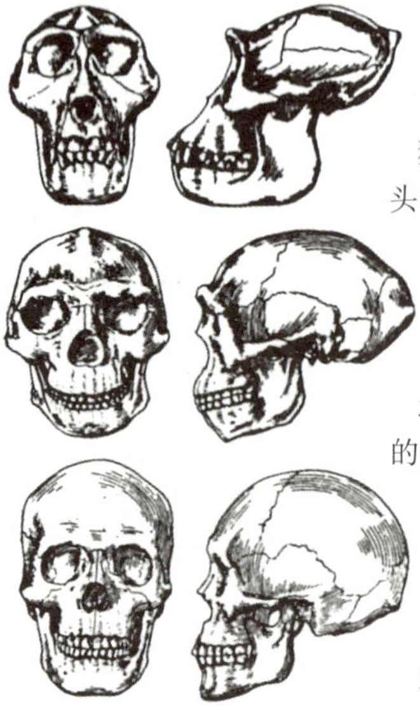

北京人与现代人头骨的比较

数十年来，人类学家和考古学家的辛勤耕耘，在黄河流域发现了大量的远古人类化石及其人类遗留的丰富遗产。除山西西侯度人、陕西蓝田猿人、北京猿人外，还有位于西侯度文化遗存西南3公里芮城县的匼河文化居民等。这些生活在旧石器早期阶段的先人们，经历了绵长、艰辛而又凶险的历程，为我们开辟出中国古文化的最早园地，走完了人类“童年”（猿人阶段）的漫长历程。

如果说人类在他们“童年”阶段朦胧漫长的岁月中，在广阔的天地间彼此的联系还不是十分清楚的话，那么当进入一个新阶段——旧石器时代中期（早期智人阶段）之后，彼此的联系已趋于明显了。后人继承了前人的文化传统，并有了进一步的发展。当北京周口店的洞穴在几十万年的斗转星移中被淹没之后，同在周口店的龙骨山山顶的“山顶洞人”出现了。山顶洞人生活在大约3万年前。山顶洞人的样子，已经和现代人没有什么两样。显然，他们深受“北京人”石器文化的影响，但他们的劳动工具已经有了很大的改进。他们不但能够把石头砸成石斧、石锤，而且还把野兽的骨头磨制成骨针。有了骨针，人们可以把兽皮缝成衣服，不像“北京人”时期那样赤身裸体。山顶洞人过的也是群居生活，但他们的群居生活已经按照血统关系固定下来，过着相对稳定的生活。山顶洞人还是一群爱美的人，他们已经知道在兽牙、小砾石上面钻孔，也知道用皮条把钻了孔的蚌壳做成项链，还很欣赏用艳丽的赤铁矿抹过的装饰品。

还有陕西大荔县发现的“大荔人”，生活在距今23万年前～18万年前，介于直立人与现代人之间，代表了早期智人的早期阶段。位于山西北部阳高县的许家窑人，距今约10万年。其体质特征保留着北京人的许多特质，石器的类型与打击、加工的方法也与北京人大体相同，但也有了一些进步因素。特别是骨器和角器的广为加工及使用成为许家窑人文化的另一特征。位于山西省襄汾县汾河东岸的“丁村人”，则是远古人类在汾河边生活的实证，年代大体与许家窑相当。然而，在石器的加工技术和类型上沿续了前人的文化特征，与北京人、许家窑人的石器小型化相比，丁村人的石片和石器一般都较大，其打击石片的方法又与河文化较为密切，似乎丁村文化与河文化，甚至与西侯度文化，表现出某种族系。

当人类的进化走向最后一个阶段，从晚期智人阶段向现代人迈进时，人类的足迹和活动的区域更为广泛，几乎遍及整个黄河流域了。这里不能不提到“河套人”。

“萨拉乌苏”河，蒙古语的意思是黄水，是黄河支流无定河的上游。1922年，法国古生物学家在萨拉乌苏河岸砂层中发现旧石器时代遗存，之后著名的“河套人”化石公之于世。“河套人”生活的年代距今5万～3.5万年，属晚期智人阶段，体质特征已接近现代人。除内蒙古河套人外，还有山西朔县境内桑干河上游的峙峪人、位于山西东南沁水县境内的下川人等，都明显显示出晚期智人向现代人的过渡，显示出细石器技术的萌芽和逐渐发展过程。

不同阶段的人类遗迹的发现，生动地再现了黄河流域远古人类的进化过程。

第二章
河畔逐鹿启开文明的大幕

考古学家，将中华文明的起源比作“满天星斗”，而在这繁星点点的夜空中，黄河流域所放射出来的文明的辉光无疑是最亮丽的。这里，有人类足迹的初现，有遍布大河上下远古人类活动的遗迹，这里更上演过中华文明初始起源的一幕幕活剧：三皇文化的初创，涿鹿之战的浴火，炎黄文化的奠基，尧舜禹在与大河之威的搏斗中造就的圣明，直到禹的儿子启，公天下一变而为家天下，中国历史进入了一个新的阶段。

文明的曙光

中华文明起源的新石器时期，其文化遗址广布中国。但黄河流域的特殊环境与远古文明的渊源，造就了黄河文化的成就与远播。从仰韶文化、裴李岗文化遗址出土的大量遗物，可以想象得到先人们具有的很高的生活智慧，也可以让我们在聆听三皇、五帝的声威传说时去触摸些许历史方面的质素和真切。

仰韶文化时期半坡人的生活情景复原图(左)
半坡文化出土的鲵鱼纹瓶(右)

大约在12000多年前，黄河流域进入一个新的地质时期——第四纪晚期的全新世。那时候，地球上最后一次冰期结束，气温迅速上升，山川地貌已经跟现今基本相似，各种动植物也都基本进化成现代的样子。在辽阔的黄土高原和黄河中下游的冲积平原上，到处覆盖着厚厚的植被，草丰林茂，动物种群非常繁盛。远古的黄河先民也结束了漫长的旧石器时代，进入中石器时代的过渡阶段，并迅速踏上了新石器时代的历程。一般认为新石器时代有3个基本特征：开始制造和使用磨制石器；有了彩陶和玉器；出现了农业和养畜业。

在中华文明起源的新石器时代，黄河上游、甘陕地区、渭河流域孕育了三皇文化，伏羲、女娲、炎帝神农帝系，创造了三皇文明王国，是为中华文明史的开端；黄河下游出现有大汶口王国；黄河中游出现有裴李岗—磁山王国，此即五帝之首的黄帝王国；黄河中游襄汾陶寺文化，即新石器时代晚期的唐尧、虞舜文明王国。

中华大地本身是一个巨大的完整的地理单元，东西落差形成三级巨大的阶梯，南北跨度30个纬度，这既决定了中华文明起源的本土性、内在关联性，又由于中华大地极其不同的多种生态环境，形成了中华文化的多样性。因此，除黄河流域出现的众多王国外，还有长江下游太湖地区出现有良渚文化与良渚文明王国；长江中游屈家岭、石家河文化出现有三苗王国，等等，还有考古学与文献学现尚不能认证的文明和文明王国更不知还有多少。但是，随着时间的推移，在不同区域文化之碰撞、交流中，一些王国融合了、消亡了，历史文化也由多元向一元推进。尧舜以降华夏中心观的形成与加强的结果，仰韶文化在黄河流域大扫荡、大冲击、大融合，使人类文明发生了一次巨大的飞跃。

仰韶文化以旱作农业为主要特征，以彩陶文化为代表。第一次在仰韶村进行考古发掘的瑞典人安特生首次提出：仰韶文化是中国古文化的前身。

仰韶文化的名字源于河南省渑池县的仰韶村。1921 年 10 月的一天，瑞典人安特生来到这个黄河岸边的偏僻小村庄，在河南当地警察的护卫下，开始了中国田野考古史上的第一次考古发掘。他们发现最多的就是彩陶，彩陶美丽的花纹让安特生震惊不已。另外还发现了骨锥、骨铲、骨针等骨器和石斧、石刀等石器。这次发掘证实了仰韶村确实是古人类活动的一个遗址，这里的人们已经具有很高的生活智慧，他们制陶、狩猎、捕鱼。此后安特生又在河南荥阳调查发掘了秦王寨等遗址，他认为这些遗址和仰韶遗址同属于一个文化系列，安特生就把这些石器遗址命名为“仰韶文化”，这也是中国近代考古学史上出现的第一个考古学文化名称。仰韶遗址的发掘拉开了我国田野考古的序幕。

“仰韶文化”是以渑池县仰韶村的文化遗址而命名，但在概念上，仰韶文化包含有众多的文化遗址。经过几代考古工作者的努力，

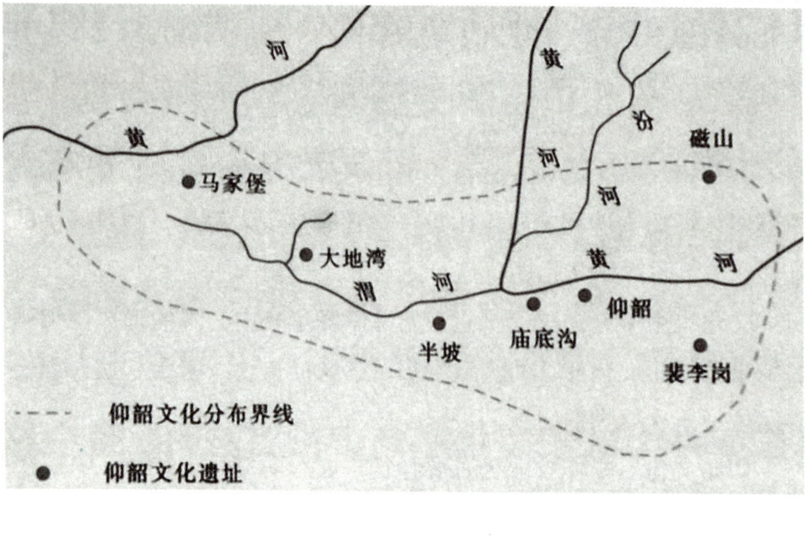

仰韶文化遗址示意图

更多的仰韶文化遗址陆续被发掘了出来，目前这些遗址已多达5000多处，以黄河中游黄土高原为中心，遍及河南、山西、陕西、甘肃、河北、宁夏等地，主要分布于黄河中下游一带，以陕西渭河流域、山西西南和河南西部的狭长地带为中心，东至河北中部，南达汉水中上游，西及洮河流域，北抵内蒙古河套地区。其中仅河南就约有1000处，陕西有2000处以上。这些遗址距今7000～5000年，考古学上把这2000年的漫长历史通称为仰韶文化时期。陕西西安的半坡遗址是仰韶文化的早期类型，河南陕县的庙底沟遗址则代表着仰韶文化中晚期类型。甚至有的学者明确主张半坡类型对应炎帝时代、庙底沟类型对应黄帝时代。

仰韶文化是一个以农业为主的文化，农业耕作已进入锄耕阶段。其村落或大或小，比较大的村落的房屋有一定的布局，周围有一条围沟，村落外有墓地和窑场，表明仰韶时期的人类已经过着比较稳定的定居生活。生产工具以较发达的磨制石器为主，作物为粟和黍。饲养家畜主要是猪，也有狗。除了农业生产，也从事狩猎、捕鱼和采集。各种日用陶器以细泥红陶和夹砂红褐陶为主，主要呈红色。红陶器上常有彩绘的几何形图案或动物形花纹，是仰韶文化的最明显特征，故称仰韶文化是彩陶文化的代表。在半坡等地的彩陶钵口沿黑宽带纹上，还发现有50多种刻画符号，可能具有原始文字的性质。

大地湾彩陶盆（左）
彩陶罐（右）

在濮阳西水坡又发现用蚌壳摆塑的龙虎图案，是中国迄今所知最完整的原始时代龙虎形象。

仰韶文化是黄河流域影响最大的一种原始文化，在长达2000年的历史进程中，不断吸收周围诸文化的因素，又给周围文化以不同程度的影响，逐渐形成中华民族原始文化的核心部分。有专家认为，中国人称自己为华人，根源就出自仰韶文化的玫瑰花纹陶盆，玫瑰花是“花族”的图腾，“花族”就是华族，这也就是今天我们自称华夏民族的由来。

仰韶文化并不是黄河流域最早进入新石器时代的文化分支，因1977年首先发现于中国河南新郑裴李岗村而命名的裴李岗文化，是目前已知的华北地区最早的新石器文化，主要分布在河南中部地带，考古学者推论，这即是黄帝王国的所在地。在8000～7000年前，生活在这里的人们已进入以原始农业、畜禽饲养业和手工业生产为主，以渔猎业为辅的原始氏族社会。他们在丘陵和台地上，用耒耜、石斧、石铲进行耕作，种植粟类作物，用石镰进行收割，用石磨盘、石磨棒加工粟粮，还种植枣树、核桃树等，在木栅栏里和洞穴中饲养猪、狗、鸡和牛，用鱼镖、骨簇从事渔猎生产。他们建有许多陶窑，烧制的陶猪头、陶羊头和陶人头等艺术品形象逼真。他们居住在丘岗临河处，住着方形或圆形的半地穴式茅屋。男人们耕田、打猎、捕鱼；女人们加工粮食、饲养畜禽，还带着孩子在家里用鼎之类的陶器在灶上做饭，用陶纺轮和骨针等制作苧麻一类的衣服。除生产外，他们还有简单的文化生活，在龟甲、骨器和石器上契刻符号式的原始文字，用以记事，将烧制的陶器工艺品摆放在案头观赏。休息时，男人拿起石片、陶片和着七孔骨笛伴奏；女人们发髻梳得高高的，头上插着骨笄，身上佩着骨饰和松绿石，欢乐地跳舞。

与裴李岗文化同时代或同一类型的文化遗存，在河北、河南、陕西、甘肃和山东等省也有发现，说明新石器时代早期居民在黄河流域的分布十分广泛。

陶器的出现是中国新石器时代的主要特征之一，它加强了早期人类定居的稳定性，定居生活又进一步促进了农业生产，加快了社会发展的进程。裴李岗时期的陶器制作还比较粗糙，器形简单，制作温度较低，质地疏松，少有装饰，工艺上显得比较原始。仰韶文化的制陶技术有了新的发展，除红陶外，灰陶、黑陶、白陶相继出现。部分陶器表面不仅施有陶衣，而且还以彩料绘以植物纹、动物纹及人物纹等，使陶器的实用性和艺术性都有了较大提高。到了新石器时代晚期的龙山文化，制陶技术又有新的提高。龙山文化的黑陶，有的薄如蛋壳，漆黑光亮，代表了新石器时代制陶工艺的最高水平。

甘肃秦安大地湾仰韶文化遗址出土人头型彩陶瓶

在新石器时代，玉器也逐渐从石器中分离出来，在社会生活中发挥着越来越重要的作用。先民们最早的用玉动机，是基于玉石本身美丽无比的材质，裴李岗人的松绿石装饰体现了人们对美的追求。到了新石器时代晚期，玉器便已超脱出原始的美感和由此产生的装饰意义，走上了与原始宗教、图腾崇拜等相结合的道路，成为社会某种观念的象征。他们把对神灵及祖先的敬仰，倾注到了琢制的玉器上，相信这些器物具有特殊的法力，可以沟通天上神明和地上先民的世界。

新石器时期的文化遗址在中国分布广泛，但进入文明社会的时间却先后不同，黄河流域特殊的环境条件与文明产生所需的基本条件的碰撞，造就了声威远播世界的黄河文明。

温暖湿润的气候，汇聚成网状的水系，广袤而肥沃的黄土，为黄河先民们提供了最适宜的农耕、渔猎、采集的场所。良好的水利条件和森林植被，为黄河中下游地区农业的发展奠定了基础，农业经济的发展又促进了人口的增加、财富的积累。物质财富的增加和贫富与社会地位的两极分化，预示着文明社会行将来临。

伏羲、女娲划方圆

世界上流传着诸多人类起源的神话传说。而在中国，盘古开天和女娲造人是其中流传最为广泛深入的两种。前者表现了古人对宇宙起源的形象想象，后者则表现了古人对人自身由来的神秘沉思。今天看来，传说固然“幼稚”，但不科学的传说却给当时的人们带来了极大的自信，自信人为万物之灵、人为万物之长。正是这种“盲目”的自信，给了人们超越蛮荒的第一推动力。

伏羲、女娲帛画图

任何一个民族的历史，都由传说开始。在没有文字记载的那些遥远的年代里，究竟发生了什么？谁也不知道，只有传说流传下来，而这些传说，又往往具有极其浓厚的神话色彩。然而，有学者论断，这些历史的传说，“总有它历史方面的质素、核心，并不是面壁虚造的。”在中国，从盘古开天辟地，到巢筑房、燧人用火、伏羲结绳记事、女娲补天、“抟黄土为人”等一系列神话、历史传说和古史文献记载，似乎可以让我们寻找到一些重要的历史信息，触摸远古先民的些许踪迹。

传说最开始，天地相连，一片混沌如鸡子，盘古孕育其中。过了一万八千年，盘古氏破壳而出。他用千斤巨斧，劈开这混沌、浑圆的东西，天地分开了，“阳清为天，阴浊为地”。清而轻的天日升一丈，浊而重的地日厚一丈，盘古也一天长一丈，成为巨人。如此又过了一万八千年，天极高了，地极深了，天地相去9万里。盘古死后，他的身体各部分化为日月星辰、风雨雷霆、山岳江河、土地草木、天下众生。盘古也就成为开天辟地的英雄，天地万物之祖。这极具想象力的神话故事，当是古代中国人对创造世界的理解。

盘古像

那时的古猿人类居无定所，逐水草而居。一直到了有巢氏时代，

火神燧人氏

他教人“构木为巢”，用树枝搭巢以躲避风雨、野兽。不过，那时的人类，依然过着“茹毛饮血”的野蛮生活。又过了许久、许久，到了燧人氏时代，他发明“钻木取火”，使人类懂得了用火烤炙食物。燧人氏的故事，相传即发生在黄河流域商丘一带的山林中。

到了伏羲时代，可以说人类文明从真正意义上开始了。

一个感生神话说的是，伏羲的母亲华胥在野地行走看到一个大脚印，她用自己的脚去比量，受孕怀胎，生下伏羲。这也是有关华族起源的又一种传说。

伏羲长大后，被氏族推举为首领。他立下许多功绩。那时，人类还处于渔猎时代。他教人结网渔猎，并把鱼虾兽肉放在陶器里煮吃。他还砍了桐木做成琴，用绳线和桑麻做弦，弹出美妙的音乐。那时人类只知其母，不认其父，男女之间只有情欲不知礼仪，是伏羲氏制定了婚嫁之法。特别是伏羲教人用结绳记事，这就有了最初的“文字”，也由此，伏羲被认为是真正的“人文初祖”。

伏羲像。手拿八卦盘的伏羲，传说他还是八卦的创始人

伏羲氏死后，他的妹妹女娲

做了君主。于是，产生了在神话传说中格外出名的故事——女娲补天与女娲“抟黄土为人”的故事。从这些故事里，不难感受到从人类之初祖开始，黄河、黄土、黄种人就有了那不可分割的关系。

传说当时有位水神“共工”，常常发洪水危害天下。为此，女娲派了火神祝融去征讨他。大战中共工败而北逃，却被不周山挡住去路。共工一怒之下，头撞不周山想逃脱。谁知，不周山乃天柱，这一撞，天塌下一角，不仅将共工压死，而且“四极废，九州裂”，天地骤变。女娲随即“炼五色石以补苍天”，塌落之处被补住，使天地恢复了正常。有学者认为，神话女娲补天的所在地，位于河南省西北部王屋山，东依太行山，西接中条山，古黄河就在它的脚下缓缓而过。传说中，陕西骊山脚下的渭河平原也是女娲的重要栖居地。还有女娲用黄土“抟”人，因太劳累，索性用绳索从泥中“甩”泥为人，结果“抟”的人成为富贵贤智之人，而“甩”的人则是贫贱凡庸之人。这些神话，虽为传说中的故事，但却从一个层面说明，洪水与黄土是那么深刻地印在了中国古人类的记忆中。

女娲像

女娲之后，进入了神农氏时代。他教民耕种，“亲尝百草”为人寻药治病。从神农氏之后，中国的历史才渐渐地脱离了神话，变得真实起来。而女娲作为“古之神圣女，化万物者”，除“抟黄土为人”外，其最大功绩还有“理水”和补天。

有巢氏、燧人氏、伏羲氏、神农氏，与其说是人物的名号，不如说是时代的名称。伏羲、女娲、神农正是出现在新石器时代的开端期。伏羲族团最初活动在甘肃天水秦安一带，后迁徙山西，又至山东，与太昊团族融合而为太昊伏羲氏。伏羲族团拥有由西部黄河流域的庙底沟文化(公元前4000年)—马家窑文化（公元前3000～前2000年）与东部大汶口文化(约公元前4300年～前2500年)相融合的多元文化特点，带有浓重的从母系氏族社会向父系社会过渡，由半人半神、半人半兽的过渡状态向文明阶段进展的文明初期形态特征。广阔的黄河流域一直是他们活动的主要空间。伏羲、女娲的故事多散见于古文献、石刻画像、帛画文书之中。其中，唐代

为民尝百草的神农氏

一组石器时代的男女交媾玉雕

帛画中描绘的是伏羲、女娲人首蛇身交尾像。男扬手执矩，女扬手执规，以示二人手执规矩以规划天地；二人头上为日，尾下为月，人物四周星辰罗布，白云缭绕。

规矩是古代巫者沟通与掌握天地宇宙的法器，用以画方画圆，圆方象征天地宇宙，执规矩者便是知天知地、通天通地的智者、圣者。大巫，是化育万物的人文始祖，是群巫之长、众人之王。唐代帛画与汉刻石画像中的伏羲女娲大同小异：汉刻石画像中，伏羲女娲人首蛇身，伏羲左手持规，右手捧日；女娲右手持矩，左手捧月，同样表现了二人手持规矩，以规划方圆；手捧日月，蛇身连体交尾，表现二人日月相交，阴阳相交。伏羲为日，为日神；女娲为月，为月神。众多的古文献中，把女娲记为“化万物者”。如果说伏羲是创世之始祖，女娲当是创生之始祖，是生育之神王，这就不难理解“女娲抟黄土造人”的神话内涵了。

古老的族团都有图腾的崇拜。“蛇身人首”，伏羲族团图腾的原始形态是蛇。我们现在所看到的龙的躯干，不是很像巨蟒或蛇的躯干吗？而蛇的样子，很像精子，也似乎体现了古人类对生命初生形象的崇拜。《左传·襄公二十八年》说，“蛇乘龙。”表示了蛇化龙的意思。十二生肖之一的蛇，又名“小龙”，可以理解为“龙”小的时候无鳞无爪的样子——即龙的样子。伏羲族团东迁(大汶口文化地区)与太昊族团融合后，太昊族团继承伏羲族团由蛇而龙。“太昊氏以龙纪，故为龙师而龙名”。“龙瑞”、“以龙纪官”、“日龙师”，均记以龙为图腾的文化内涵。所以说，中华民族以龙文化为核心正是伏羲族团创造的。如果我们说是伏羲造就了“龙的传人”，应该也决不是随意的附会。

龙所体现的，既是生殖崇拜，是对生命初生形象的崇拜，可以说所有动物都是从“龙”演化而来的；但龙又是所有动物的整合。在中国传统文化中有十二生肖的文化。十二生肖中，除了龙以外的11种动物，都是我们所熟知的，唯有龙没有现实比照。因此，龙所表达的，既是“生生之谓易”之像，又是生命自然整合之像，表示着对不同民族，不同族团，不同年龄的人们的社会凝聚力，龙文化正是建立在深厚的人文精神基础之上。

发生于6000年前的中华龙文化，揭示了中华民族生殖崇拜的历史，揭示了中华民族对初生生命、对生命创造力的崇拜。从“生龙”、“卫龙”到“神龙”，绵延起伏，生生不息，成为横亘世界人类历史而没有中断的唯一伟大文明。

伏羲开创了中华民族“龙”的图腾崇拜。我们都是“龙的传人”，“古老的东方有一条龙，它的名字就叫中国”。

涿鹿之战与黄帝的创举

打开中国地图，在河北省，会看到涿鹿、涿州、巨鹿等地名。这些沿用数千年的古老地名，似乎在告诉我们，已经远去的炎黄与蚩尤的涿鹿之战，曾经对中国历史的进程发生了怎样的影响。战争的目的，是双方为了争夺适于放牧和浅耕的中原地带，结果黄帝族以修德、扬军和高明的智慧战胜了比自己文化高得多的蚩尤，从此黄帝成为天下之共主，也由此奠定了炎黄文化的根基。

黄帝像

我们说自己是“炎黄子孙”，是把炎帝与黄帝看做我们共同的祖先。

我国古代原始社会中晚期，关于部落的传说很多。学术界多认为，在当时广袤的地域内，逐渐形成了三大集团：一为黄帝族与炎帝族，一为东夷族，一为苗蛮族。其中，以黄帝、炎帝族为核心组成了华夏集团。

“黄帝受国于有熊”，即黄帝为有熊国君。有熊，一般认为即今河南新郑，现属郑州市。新郑居中原的中央。陕西黄陵县的黄陵则是黄帝安葬的地方，灵宝铸鼎原是黄帝炼铜之处。也说，黄帝族发祥于姬水，故以姬为姓，号轩辕。姬水乃陕西渭水支流。而炎帝族则与黄帝相邻，“炎帝以姜水成”，兴起于陕西岐山东部，姜水也是渭水支流。显然，两族的主要活动都在黄河流域黄土高原及其周围地区。东夷族地处山东、安徽境内及其东部沿海地区，属于这一族的有太昊、少昊、蚩尤等。苗蛮族则地处长江中游两岸的湖南、湖北、江西地区。

黄帝轩辕氏

“国之大事，在祀与戎”，也就是说，国家的大事与文明的产生有两条道路，一是祀，即王权源于神权，有了独占通天的神权，就有了王权；另一是戎，即王权源于军权，通过战争获得王权。黄帝以两种方式作为历史的动力，而首先就是以战争获得王权的。

著名画家卢延光笔下的炎帝

炎帝神农氏本以农业建国，刀耕火种，繁荣兴旺已久。但后来到了轩辕之时，神农氏族、部落之间不断发生基于扩大自己生存空间、实行血亲复仇为目的的武力冲突。于是轩辕以干戈征讨，“与炎帝战于阪泉之野，三战，然后得其志。”黄帝战胜炎帝氏族后，得以整合炎帝部族，势力大增。融合后的炎黄部族，遂从兴起地关中平原、山西西南部、河南西部向东沿黄河南北两岸向今华北大平原西部地带发展。与此同时，兴起于黄河下游的东夷集团蚩尤一支，自恃强大，以为自己兵多势众，武器精良，“不服黄炎二帝”，并由东向西进入华北大平原，侵扰作乱。在这里，首先与炎帝部族发生冲突，炎帝部战不过蚩尤，“九州”被占。炎帝遂向黄帝求援，“于是黄帝乃征师诸侯”，与蚩尤战于涿鹿之野，发生了远古时代著名的“涿鹿之战”。

涿鹿在今河北省西北部、张家口市区南部，东部与北京市接壤。当时，“战争”的目的，是双方为了争夺适于牧放和浅耕的中原地带。它也是我国历史上见于记载的最早的“战争”，对古代华夏族由野蛮时代向文明时代的转变产生过重大的影响。

蚩尤是东夷集团的首领，他率领强大的东夷集团与华夏集团对抗。蚩尤英勇善战，长有铜头，发明了许多兵器，似乎刀枪不入。

黄帝战蚩尤图。在反复征战中，黄帝成为中原的“共主”

战争爆发后，适逢浓雾和大风暴雨天气，这很适合来自东方多雨环境的蚩尤族展开军事行动。所以，在初战阶段，适合于晴天气环境作战的黄帝族处境并不有利，曾经九战而九败。然而，不多久，雨季过去，天气放晴，这就给黄帝族转败为胜提供了重要契机。黄帝族把握战机，在玄女族的支援下，乘势向蚩尤族发动反击。黄帝利用特殊有利的天候——狂风大作，尘沙漫天之时，吹号角，击战鼓，乘蚩尤族部众迷乱、震慑之际，以指南车指示方向，调动众兵向蚩尤族进攻，终于一举击败敌人，并在冀州之野(即冀州，今河北地区)擒杀蚩尤。涿鹿之战就这样以黄帝族的胜利而宣告结束。

如果不以成败论英雄，是不能忘记蚩尤的。有说他是海岱地区东夷人的祖先。东夷人崇尚飞鸟，用鸟命名管理者，陶器中也多鸟形器或鸟形纹饰。距今6500～4700年，是海岱地区大汶口文化时期，原始农业与家畜饲养业有很大发展，手工业如制陶已有轮制技艺，玉器制作能够加工硬度很高的玉石，水平高于整个黄河流域。大汶口文化晚期遗址中的文字也表明，东夷在多个方面领先于中原。

蚩尤虽兵败被杀，尸首分离，但是一直被看做战神。至今河南、山东、河北的一些地方还有蚩尤的坟、山、冢，百姓为他立庙，年年祭祀。

涿鹿之战，黄帝族之所以能以少胜多，战胜比自己文化高得多的蚩尤，在于黄帝能够“修德振兵，治五气，艺五种，抚万民，度四方”，以修德而扬军力，以“治五气”提高天人合一的宇宙观念，加强农业，在游牧向农业的转换中，发展经济，增强国力，安托万民，争取与团结友邦，因而深得人心。同时，在指导战争上也比蚩尤高明。在做好战争准备的前提下，黄帝联合同盟者，巧妙利用天气条件，选择恰当时机果断反击。

这场“战争”的大致经过来自于神话传说，具体的细节已无从考究了。但是神话毕竟是历史的投影，曲折地反映了事实的本身。

文明也在战争的浴火中诞生。黄帝战胜蚩尤，东夷集团开始了与华夏集团的融合。涿鹿之战有力地奠定了华夏集团据有广大中原地区的基础，并起到了进一步融合氏族部落的催化作用。“诸侯咸尊轩辕为天子，代神农，是为黄帝”，黄帝从此成为天下之共主，并被逐步神化。

黄帝时代是极富创造力的时代。传说中，黄帝不仅教人结网渔猎，驯养家畜，种植五谷，建造房屋，还发明了车、船。黄帝元妃嫘祖还教人养蚕抽丝，织绸做衣。特别是黄帝“以玉为兵”，以玉作武器，玉戈、玉钺、玉斧、玉戚，以石质转为玉质，不仅显示了生产力的发展，也象征了权威、权力的神化。玉兵被视为神物，除了它的王权象征，它还是沟通天地鬼神的礼物、神器、法器，从而，在王权之上赋予了神秘光环。“国之大事，在祀与戎”，黄帝不仅以“戎”的方式，通过战争建立了政权，而且以“祀”的方式，通过“以玉为兵”，独占沟通天地的神权，以“王权神授”获得巩固政权的精神支柱。加上重视农耕，建立官吏制度等，从武功到文治构成一种特有的文化模式，以此作为中华文明史的开端，极大地影响了古代历史的延续与发展。

筑城想象图

黄帝王国的疆域以河南、河北为中心，东至大海，北至山西南部，定居中原奠定了华夏民族的根基。据考古发现，河南新郑的裴李岗遗址与河北武安磁山遗址正与黄帝轩辕族团活动地域吻合。据测定其年代，裴李岗为公元前5900年左右，磁山为公元前6000～前5500年。这正与我们常说的五千年文明史相吻合。

在黄炎之争中，黄帝虽以战争取得胜利，但神农炎帝开创的农业文明却被以黄帝为首的游牧民族族团继承下来，为中华民族以农立国确定了历史文化发展方向，成为炎黄文化的一个核心内容。

大河之威与尧、舜、禹圣明

尧、舜、禹，在中国几千年的历史中，一直被当做圣君的代名词。从他们流传下来的丰富事迹与历史故事中，可以看出，其圣明，不仅在于他们“德为先，重教化”、“能明驯德”的文化精神和礼贤“禅让”治国有方，还在于他们面对洪泛，在与大河之威的搏斗中造就了他们的圣明。

大禹治水

黄帝之后，黄河中下游又出现颛顼部族和帝喾部落，都是黄帝的后代。以后又出现了几位杰出的部落联盟首领，他们就是尧、舜、禹。相传尧是帝喾的后代。

今天看来，尧舜禹时代当是中国原始社会的极盛时期。数千年来，这个时代以一种非常独特的历史面貌被历代帝王和士人所尊奉，乃至奉为他们心目中理想的社会制度。此外，历代的改革家，在提出其革新措施时，有几个不拿尧舜禹来作为“托古改制”的金字招牌。凡此种种，均可说明这个时代对后世的影响之大、之深。

尧，姓尹祁，又称陶唐氏，史称“唐尧”。他的发祥地在今山西汾河流域。“尧都也，在平河之阳”。平河之阳即平阳，即现在的山西临汾。舜，姓姚，号有虞氏，又称虞舜。舜都蒲坂，即今山西永济。禹，姓姒，传说禹的先祖住在黄河河套一带，禹的时候迁徙到中原。后禹建都安邑，即今山西运城。尧、舜、禹之古都都在晋南，其相隔最远距离不到200公里。显然，他们活动的主要区域都在黄河中下游一带。史称舜即位到“中国”。“中国”这一称谓的来历，最早就是用于记载尧舜所处的地方，而这个地方就是晋南，说明晋南地区确乎是中华民族最早和最重要的建都之地和发祥之地。距离临汾仅20公里之遥的襄汾陶寺古城遗址的发掘，结合文献学的研究，说明陶寺遗址即是唐尧王国的古都。它位于襄汾县汾河以东、塔儿山西麓，距今4500～4000年，在地域上属于黄河文明范畴，在历史年代上，也与尧、舜所处的时代相吻合。这里的窑洞、居址、水井及等级分明的墓葬、龙盘等重要礼器，预示了中国古代文明的诞生，是迄今为止在黄河流域发现得最早、最大、最具都邑特色的古城遗址，实为尧部落所创造的最初“中国”之所在。陶寺古城遗址在时限上隶属于龙山文化时代。龙山文化，则是中国黄河中下游地区新石器时代晚期一类文化遗存的泛称。龙山文化首次发现于山东省章丘龙山镇，也因此而得名。龙山文化属于大汶口文化的重要一环，但龙山文化的遗址遍布于黄河中下游广大地区，遗址总数达千处以上。龙山文化反映了原始社会解体并向奴隶社会过渡时期的状况，已属于父系氏族社会时期。

帝尧陶唐氏

“龙山文化”时期，黄河两岸的土地已经被普遍开垦和种植起来。不仅土地肥沃的河谷平原到处是一片片粟地，就是土地贫瘠的偏远山区也有了定居的农户。据考古学的发现，龙山文化时期在黄河中游一带人类聚落分布的密度已同现代村庄的分布差不多。绝大多数现代较大的村庄都是那个时代的先民居住过的村落，有许多就直接修建在龙山文化遗址之上，人们只要来到这些村庄，有时还能拣到先民们丢弃的陶片、石器或骨器等遗物。如此稠密的人口，说明当时黄河流域的农业已经有了很大的发展，为人们提供了比较丰富的食物。

当时的农业经济发生了一系列重大变化，在种植粟类作物的同时，开始普遍种植稻谷，小麦也传入中原地区，种植规模逐渐加大，可能还有大豆、高粱，其他作物还有油菜、桑、麻。家里还养着猪、黄牛和绵羊。劳动工具也有很大改进，石器以斧、锛、锄、铲等为主，磨制石器中石斧的数量最多，还有少量的铜器。特别是在山东省章丘龙山镇出土的黑陶，成为龙山文化的代表性器物，具有“黑如漆、明如镜、薄如纸、声如磬”的特点，它区别于仰韶文化以彩陶为主，成为龙山文化的典型代表。

《史记》说唐尧“其仁如天，其知如神，就之如日，望之如云。”

形容他仁德和天一样，智慧和神一样，接近他像太阳般的温暖，望见他如云一样柔和。尧“能明驯德，以亲九族”，他为政勤慎俭朴，施以德政，严肃，恭谨，团结族人。唐尧王国最大的历史功绩还在于他创立崭新的天文历法学，《尧典》对四季、四方的星象与物候的变化通过观察作了记录，以“敬授民时”，为百姓颁授农耕时令，以便于百姓及时播种收割。人们称颂尧的贤德，还因为尧帝开创了帝王之位禅让的先河。尧有个儿子丹朱，但尧认为他不成器，决定从民间选用贤良之才。他经过多方面、长时期考察，选舜作为继承人，并通过四岳议事征询意见而后定夺。“岳者，四方之大山”，“王朝大臣皆号称四岳”，即参加部落联盟中的有权力的部族酋长。当时的唐尧王国已有四岳和四岳议事制。各部落酋长们进入王国，代表其族团参与决策议事。这也反映出，唐尧时代已由部落联盟转而为王国，进入王国文明的大门了。

汉代石刻舜帝像

舜出生在姚墟(今山西垣曲东北)。传说他在接替尧担任部落联合体首领之前接受尧的考察时，曾在历山(中条山别称)耕田，在雷泽(今山西芮城北)捕鱼，在河边的陶城(今山西永济蒲州镇北)制陶，后来尧把他封在虞地(今山西平陆西南)，担任部落联合体首领后，又建都蒲坂(今山西永济蒲州镇)，看来他的活动中心在现在山西的西南部，今天山西运城市安邑镇还有舜帝庙、舜帝陵。舜，是以“孝”闻名的大帝，被誉为“道德文化的鼻祖”。天下明德，皆自虞舜始。他为人慈孝，知人善任。特别是在建立虞舜王国后，对唐尧王国的治国方略和路线做了很大变动，实行新政，将中华文明推向成熟阶段。

舜为摆脱一些早期王国部族的后裔、王国子孙们势力的影响，他实施改革，广开言路，提出选任官吏的标准：要能生产民食，不违农时的人；能安抚、爱护臣民，亲近有德、善良的人；要能拒绝奸佞，希望为百姓选择贤良之人治理天下。为此，他举用禹、弃、契这些有能力人掌管土地和教化，又让皋陶定立刑法，把天下治理得井井有条。

舜选禹继位，就因为禹救民于水患而有功。

尧舜时期是一个洪水泛滥的时代。竺可桢先生在经过大量科学研究之后，得出了这样的结论：中国在5000年前的仰韶时代到3000年前的殷商时代，气温比现在高2摄氏度左右，黄河流域的气候比现在温暖、潮湿，河水的径流量和洼地的蓄水面积都远比现在大。亚热带的雨水偏多造成了这一地区洪涝灾害频发，于是便有了尧舜时期“汤汤洪水方割，荡荡怀山襄陵，浩浩滔天，

应龙画河海。应龙是中国古代传说中有双翼的神龙。它以尾画地，留下一道痕迹，禹依照这条线路开凿河道，疏导洪水

下民其咨”的记载。其实早在黄帝、炎帝之际，已有洪水之患。甚至从女娲补天的故事中也可看出与洪水的关系。到尧的时候，水患更加厉害。《孟子·滕文公》多处记有“尧之时，水逆行，泛滥于中国”以及“洪水横流，泛滥于天下”的记载。尧、舜、禹都把治水作为重要国事，也正因为他们治理有方，使当时的社会获得很大的发展，呈现一片安宁、祥和的太平景象，也从而获百姓拥戴，成为传说中的圣明之君。

相传尧任命鲧去治理水患。鲧是禹的父亲，也是尧的臣子。不料鲧仍用共工氏的旧法子，筑堤防水，类似于筑土围子，采用“堵”的方法来抵御洪水。但围堵却没能阻挡汹涌的洪水，鲧治水9年，毫无功绩。后来，舜接替尧做了部族联盟首领之后，亲自巡视治水的情况。他看到鲧治水无方，耽误了大事。加上，鲧对“尧以天下禅舜”极为不满，舜将鲧处死在羽山，然后令鲧之子禹继续治水。禹改变了其父的做法，不再用堵而以疏导为主的方法，开展新的治水工程。他依据地势的高下，开掘沟渠，导水疏流，将黄河下游河道“分播为九”，使洪水畅流入海，肥沃的平原能减少洪水泛滥的灾难，散漫的流水又能积到一定的地方。经过治理之后，原来大都集中

禹伐三苗

在大平原边沿地势较高地区的居民，纷纷迁移到比较低平的原野中，开垦那些肥沃的土地，那些草木茂盛、禽兽繁殖之地，成为人们乐于定居的地方。

大禹为治水，和百姓一起劳动，时经十三年，为治水奔波，多次经过自己的家门都没有进去，甚至有一次在门外已听到新生的儿子哇哇的啼哭声，还是狠下心来没有进去探望。大禹治水“劳身焦思，居外十三年，三过家门而不入”的故事代代相传，禹的治水功绩和品德被人们敬仰，后人称之“大禹”。他的伟大与圣明就这样永远定格在中国的历史上和人民的心目中。当然，禹的才能与功绩并不仅限于治水。他在使用青铜器发展生产，建立国家制度，对外用兵，将不服尧禅让位于舜的三苗族团驱赶到丹江与汉江流域，等等方面，都有不少功绩。

启母石。河南登封的启母石，相传大禹之妻生了儿子启之后天天在此盼大禹归来，后化为巨石

舜死后，禹众望所归，继任部落联盟首领。后来，大禹的儿子启创建了我国第一个奴隶制国家——夏朝，因此，后人也称他为夏禹。夏禹死后葬在茅山。后人因禹曾在这里大会诸侯，计功所赏，所以把茅山改名为会稽山。

夏立九州，中国的第一个王朝

禹接任舜成为部族联盟首领之后，其声望已凌驾于部族联盟首领变成名副其实的国王了。只是，被后人赞叹不绝的尧舜禹的禅让，到了禹的儿子启手里，开始被抛弃了。禹“本来”要传位给别人的，但他的儿子启却将之赶走，创立了中国历史上的第一个王朝——夏，启自己坐了王位。从此中国历史上的家天下时代开始了。这个家天下的政治传统，走过了奴隶社会，也走过了封建社会，足见它“契合”一少部分人的心理和利益之深。

夏代彩陶鼎。鼎本来是中国古代的一种烹饪器具。自从有夏禹收九州之金铸成九鼎的传说之后，九鼎成为传国重器和立国的象征。新的势力想夺取国家政权者称之“问鼎”，建立新王朝谓之“定鼎”

禹在治水过程中逐渐提高了声望，获得了前所未有的权力。他“定九州”，把中国分为冀、豫、雍、扬、兖、徐、梁、青、荆等九州，制定贡赋制度，确定了九州各地向王国中央纳贡，加强了地方与中央的关系，从而建成了虞舜中央王国。这在中国古代史上是一件划时代意义的重大事件，标志着人们社会实践活动的范围已扩大到足以突破以血缘团体为基础的部落界线，成为更高级的多部族融合体的华夏民族，以华夏中心观念，向着更高的发展阶段——国家迈进。

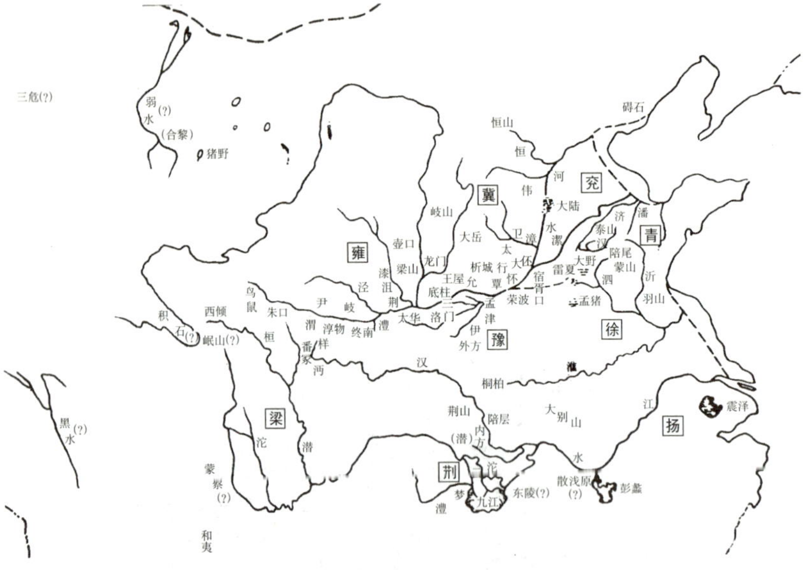

禹贡九州图

社会从蒙昧、野蛮时代进入到文明时代，其标志是国家的出现。大禹正是站在由蒙昧、野蛮时代向文明时代转变门槛中的英雄人物。

公元前2070年，禹接任舜的职位，成为部族联盟首领。因为禹受舜封于夏(今河南省登封县东)，所以他的部落就称为“夏”。

禹年老的时候，实际上已经从部落联盟首领变成名副其实的国

大禹像

王了。这时的大禹，不仅能召集万国诸侯聚会，而且许多部族首领都拿着玉帛去朝见禹。少有不恭者，禹就能轻易杀掉。传说，“禹致群神于会稽山”（今浙江绍兴一带），“防风氏后至，杀而戮之”。就因为一个叫做防风氏的部落首领到会最晚，禹认为怠慢了他而斩了。这说明一种凌驾于超越氏族制度的强权体制已经产生。

禹生前宣布辅助他治水有功的夷人首领皋陶为接班人，但是皋陶先禹而死，于是禹帝又宣布伯益为接班人。禹死后，伯益继位，而此时夏部族的势力已经相当强大，其首领禹的儿子启不愿去朝拜伯益，而是自立为帝。后来启趁动乱之机杀了伯益，夺得了王位(公元前1988年～前1979年）建立夏朝。以前的“禅让”选举制度从这个时候被破坏，代之以“家天下”的王位世袭制。从此以后，禅让制变成了世袭制，“公天下”变成了“家天下”。夏，原由夏后氏、有扈氏等十几个部落组成的部落联盟的名称，变成中国历史上第一个王朝的代号。

关于夏代的历史，尚不能通过考古学的证明与历史文献记载看到它的全貌，但许多古书依据历史传闻的大量记载，都表明夏代的存在是确切无疑的。夏代自夏启建国，至夏桀灭亡，传17任国王，存续了400多年，约自公元前21世纪至公元前16世纪。夏朝的疆域，大致西起陕西华山一带，北至山西长治及河北省，东抵河南、山东、河北交界处，南达湖北省，其势力延伸到黄河南北，甚至长江流域。而河南西部则是夏王朝活动的中心地带。相传禹建都阳城(今河南登封县告成镇)，后迁往阳翟(今河南禹州)。启放弃阳翟西迁，定都安邑(今山西夏县)。以后夏的都城大致在黄河支流伊河、洛河流域，即今河南巩县到洛阳一带。应该说，夏朝的建立，催生了黄河文明的飞速发展，在中国历史上首次出现了覆盖广大地域的核心文化。夏文明与后来的商周文明一道，构成华夏文明形成与发展的主流，确立了以礼乐文化为根本的华夏文明的基本特质。

让我们跟随考古工作者的足迹去追寻夏人的踪迹吧。

1949年，考古工作者在登封告成镇西北不到1公里处的一个土岗上发现了王城岗遗址。遗址内发现有龙山文化(公元前2900～前2100年)晚期的两座小城堡以及奠基坑、窑穴、灰坑等遗迹。还出土有大量陶器、石器、骨器、铜器等生产工具和生活用具。2002～2005年，北京大学考古文博学院与河南省文物考古研究所对王城岗遗址进行了大规模的考古调查、钻探和发掘工作，其中最为重要的当属王城岗大城和城壕的发现。这座大城址的面积据现有资料推算有30万平方米左右，年代初步推断为龙山文化晚期。王城岗小城有可能为“鲧作城”，而王城岗大城有可能即是“禹都阳城”。

特别是二里头文化遗址的发现，更为夏文化的存在提供了充足的证据。

在黄河支流洛河与伊河之间，有一个叫做二里头的小村庄，名字朴实得几乎叫人记不住。然而谁也没想到，这里却埋藏着一座规模巨大的夏代最后的都城。它的面积比现在的故宫还要大出好几倍来。公元前19世纪至公元前16世纪，这里曾是中国第一个王朝的都城所在地，上演过夏的繁荣和夏商周三代王朝更替的壮阔史剧。

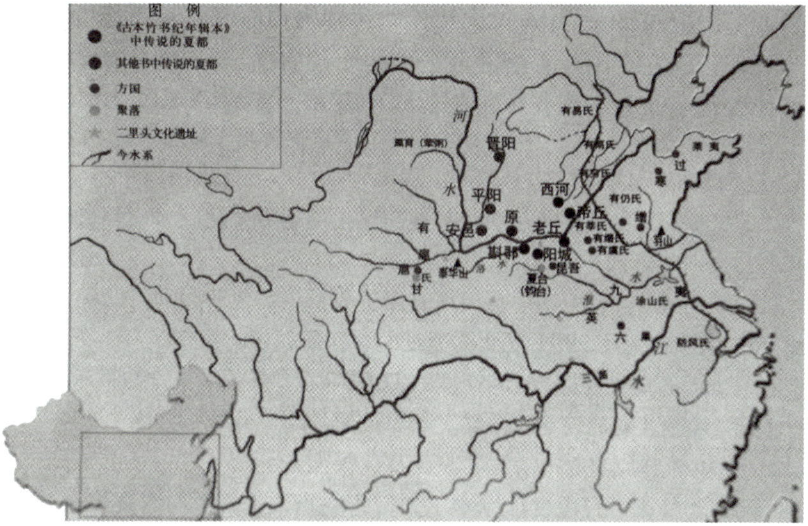

夏朝中心区域示意图

1959年，中国科学院考古研究所徐旭生率队在传说中夏人活动的中心地区豫西开始了对“夏墟”的考古调查。偃师二里头被纳入学者的视线。考虑其遗存的典型性，命名为“二里头文化”。此后，中国三代考古工作者对二里头遗址进行了持续不断的发掘，发现了大型宫殿基址、大型青铜冶铸作坊、制陶、制骨遗址，以及与宗教祭祀有关的建筑和400余座墓葬，出土了成组的青铜礼器、玉器和陶制器物，还发现了最早的车辙痕迹，将中国发明双轮车辆的年代前推了300多年。

二里头文化的中心区域在河南省的伊水、洛水流域，尤其是二里头文化的早期遗存主要分布在登封、洛阳一带。这里正是史书所载的“有夏之居”，是夏王朝某些都邑的所在区域。现已发现的二里头遗址近百处。由于二里头文化的分布地域与历史记载的夏朝人活动的地域比较一致，所以被列为探索夏文化的对象之一。

出土于二里头遗址的大型绿松石龙形器，距今至少3700年，被称为“中国龙”，被认为是中华民族龙图腾最直接、最正统的源头。不过，目前在全国现有250处二里头文化遗址中，集中出土龙文物的只有作为都城的偃师二里头遗址，而且都是出土在宫殿区或其附近重要地点如铸铜遗址或祭祀区。这表明当时龙的地位是显赫尊贵的，是与夏王和其他贵族密切相关的，龙已经成为一种身份、地位的象征，代表了王权。

夏代尽管还保留着氏族社会的许多特点，保留着社会血缘纽带的牢固关系，但它毕竟有了凌驾于全社会之上的公共权力，具有了早期国家特征，也从此，黄河流域古代社会进入了文明时代。

夏代是我国奴隶社会的开端。当时的经济活动以农业为主，农业文明到了很高的程度。考古发现，在夏代已经有谷、稻、菽、瓜等多种农产品。从禹“尽力乎沟洫”的记载看，早在禹时已带领人民开凿沟渠，引水灌溉。由于生产力的发展，已是“货力为己”的财产私有社会，有了罚人为奴的情况。“夏后氏官百”、“夏有乱政，而作禹刑”，可见夏代已有了一个官僚群，而且出现了刑法。

夏代已由石器时代进入了青铜器时代。虽然当时的生产工具主要还是石、蚌和骨制的，但已掌握了冶金与铸造技术。早期青铜器生产经历了一定的发展过程。二里头遗址出土的乳钉纹铜爵，是迄今所见时代最早的铜爵，也

二里头遗址出土的夏代铜爵，是现今发现的中国历史上最早的青铜容器

是最早的铜容器之一。夏代的玉器制品也相当精致，还出现了铜嵌玉的新工艺。

制陶业在夏代可能已经成为一个独立的极为重要的行业。在偃师二里头出土的丰富遗物中，仅陶器一项就有360多件。据传说，酿酒业也是由夏代开始的。还有传说中奚仲部落被禹征服后成为夏王朝造车的奴隶。造车技术的出现，也是人类社会的一大发明。另外，当时已经采用干支纪年，并且出现了我国历史上最早的“夏时”、“夏历”，这都是当时科学文化水平的见证。随着分工的扩大，夏代还出现了以占卜为专业的巫师，这表明了脑力劳动与体力劳动的分离，在当时低下的生产力的条件下，这也是有进步意义的。

夏朝前后历经400多年，十三世、十七王，其中“太康失国”、“少康中兴”以及“嫦娥奔月”的传说流传甚广。

夏朝与东夷的斗争贯穿始终。启死之后，儿子太康继位。但太康荒淫无道，常在洛水北岸打猎，一连数月，不问国事。东夷有穷

后羿射日

氏的首领后羿利用民众对太康的不满，起兵赶走太康，挡太康于黄河北边，不允许他回国，自己即位，史称“太康失国”。后羿是著名射手，武艺高强。传说尧时十日并出，植物枯死，猛兽长蛇为害。后羿射掉九日，射杀猛兽长蛇，为民除害。他又从西王母处得到不死之药，其妻嫦娥偷吃仙药，遂奔月宫。嫦娥奔月的故事就这样一直流传下来。

嫦娥奔月。嫦娥是后羿的妻子，传说她偷吃了后羿从西王母那里得来的不死药，一下子就飞到了月宫

后羿赶走太康，在太康死后，太康的弟弟仲康即位。仲康在位13年而终，其子相被立为君王，在帝丘(今河南濮阳)即位。相性格软弱，不能制服后羿，导致后羿专权擅政。但此时的后羿一心打猎，完全委政于奸诈的亲信寒浞。寒浞杀掉后羿，还霸占了后羿的妻室，接着又杀了被后羿放逐到商丘的相。相之妻被迫逃回母家有仍氏部落，生下一子少康，少康长大后，联合夏朝遗臣，发兵攻灭寒浞，恢复了夏朝的统治，史称“少康中兴”。少康在位22年后驾崩，他的后代们相继为帝，直到孔甲。孔甲是个无道昏君，从此，夏朝开始衰败。

夏朝的最后一个国王夏桀，是历史上一个有名的暴君。传说夏桀身材魁梧，力气之大能把鹿角折断，能赤手与虎豹搏斗。他在位期间，大量驱使百姓为其建造了无数的宫室台榭，过着荒淫奢侈的生活，“赋敛无度，万民甚苦”。夏桀还大肆兴兵对外征伐，使得诸侯纷纷离之而去。而这时，黄河下游的一个夷人部落——商，在其首领成汤的领导下兴盛起来。成汤以讨伐暴君夏桀为名，发动了灭夏的战争。夏桀兵败，死于南巢（今安徽寿县），夏朝宣告灭亡。

夏桀

第三章
第一个黄金时代

中国有文字记载的历史，就目前所知，是从商朝开始的，不过，直到甲骨文发现之前，商朝始终摆脱不了神话和传说的影子。20世纪初叶，人们终于经由奠基在甲骨文之上的甲骨学，认识了真正的商朝及其开创的环绕黄河流域的青铜文明。商、周各诸侯国就集中在黄河流域的这片黄土地上，历经漫长的兼并战争，逐渐汇成更加稳定的国家系统，华夏民族也逐渐形成。夏、商、周以来，国号不同，也有夏人、商人、周人之称，以及其他众多的建立在地域或诸侯国基础上的对于人群的称谓，但自夏以来所形成的夏族或华夏族这一比较普遍、比较具有代表性的族号，则是夏、商、周的主体民族所共同承认的。

君臣之际的典范：商汤和伊尹

打天下、坐天下，大概自商汤之后便成了中国历史的一个常例，而其中的主角——明主和贤臣的关系如何，也成了此种常例能否成功的一个晴雨表。商汤和伊尹的关系史，无疑为后世树立一个得以效法的君臣之际的典范。比如，周朝时候的文王和姜太公，汉朝的汉高祖刘邦和张良、萧何，蜀国的先主刘备和诸葛亮，唐朝的唐太宗和魏征……可见，这个传统的悠久。

著名画家卢延光笔下的商汤

商族是居住在黄河下游的一个历史悠久的部族，为东夷的一支。传说商的祖先契因母亲吞了玄鸟（即燕）卵而生契。因此，玄鸟为商族的图腾。传说中，契早在尧舜时期，曾经跟随大禹一起治过洪水，是个有功的人。因此，舜封契于商地（今河南商丘）。商部落主要从事畜牧业，从契以后传了十四代。到了夏朝末年，汤做了首领，这时的商部落经过400余年的发展，已经成为东方的强者了，其势力已由黄河下游发展到中游，渗透到夏的统治地，具备了和夏抗衡的实力。而夏朝的最后一个暴君夏桀，并没意识到来自商汤的威胁。而且他的荒淫无度，横征暴敛，引起臣民普遍的憎恨与反对。夏桀还不知自敛，自比为“太阳”，百姓们诅咒说：“这个太阳什么时候才会灭亡，我们宁愿跟你同归于尽。”

此时，东方的商汤看到夏桀十分腐败，决心消灭夏朝。他表面上服从夏桀，暗地里却不断扩大自己的势力，争取人心。野外，商汤看到有人四面张网，祷告说：“小鸟啊，从四面八方都进我的网里吧！”商汤说：“噫！怎么能把天下的鸟捕尽呢！”于是就把网揭开了三面，也祷告说：“往左边可以，往右边也可以。不听劝告的，就要被我网住了。”这与“一网打尽”的贪婪相比，“网开一面”显

商汤像

示了宽以待人的风范，那些人人自危的小国国君听了这事，对商汤很是放心："商汤这个人真好啊，对禽兽都这么宽厚！"

那时候，部落的贵族们把祭祀天地祖宗看做最要紧的事。商部落附近的葛部落，其首领葛伯不按时祭祀，汤派人去责问，葛伯回复说："我们这儿穷，没有牲口作祭品。"汤就送了一批牛羊给葛伯，葛伯却把牛羊杀掉吃了，却不祭祀。汤又派人责问，葛伯说："我没有粮食，拿什么来祭呢？"汤又派人帮助葛部落耕田，还派一些老弱的人给耕作的人送酒送饭，不料在半路上，葛伯把那些酒饭都抢走，还杀了一个送饭的小孩。葛伯的做法，激起了大家的公愤。汤抓住这个机会，出兵灭了葛部落。接着，又陆续攻取了附近几个部落，大大提高了自己的政治威望。

这时，商汤又发现和提拔了得力的谋臣和助手——伊尹。伊尹，名伊，一说名挚，尹是官名，右相之意，是商朝开国元勋，被后人称誉为"神州第一宰相"，他为后人奠定了为官辅国之道，发展了烹饪和中医药等行业。伊尹的故事很少有文字记载，主要是根据传说整理的。伊尹的出生有很浓的神话色彩。《吕氏春秋》和《水经注》里有记载说：有

伊尹像

莘国（今山东菏泽市曹县）的一位女子采桑时，在一棵大桑树的树洞（空桑）里拾到个男婴，抱回去献给了国君，国君把婴儿交给他的厨师抚养。伊尹自幼聪慧，勤学上进，他跟着养母学了一手烹调的好手艺，而且足智多谋，有着远大的志向。

伊尹作为有莘氏的陪嫁奴隶来到了商汤的身边。伊尹通过讲述烹饪饮食之道，借以向商汤阐述治国的道理。一次，汤向伊尹询问饭菜的事，伊尹回答说："做菜既不能太咸，也不能太淡，要调好作料才行；治国如同做菜一样，既不能操之过急，也不能松弛懈怠，只有恰到好处，才能治理好。"这就是"治大国如烹小鲜"。他向商汤进言时还谈到：天子不能强为，必须懂得古往今来的治国之道，加强自身的德行修养，这才能成为天下之主。商汤震惊于他的贤德和远略，就任命伊尹为阿衡，阿衡的地位相当于后来的宰相。

商汤的名声越来越大，夏桀暴政下的人们对商汤也"心向往之"。这多少引起了夏桀的警觉。他把商汤召到都城，然后关押在夏台（今河南禹州）。伊尹等人忙给夏桀送去美女10人和大批珍宝，见了美女的夏桀心里一高兴，就把商汤放了回去。这大概是夏桀办的

商丘古城位于商丘市南，自商的始祖在此建都始，已有4000多年的历史，由于年代久远，兵祸天灾，多次被毁，现存古城为明正德六年（公元1511年）所建

最弱智的事儿。后来被商汤千里追逐，客死异乡。这一幕，极像几百年后殷纣王对周文王的先拘后放，历史是多么相似啊！

回到商丘的商汤如同龙归大海，加紧扩张自己的势力。在伊尹等人的谋划下，商汤制定先弱后强，由近及远，逐个剪除夏桀羽翼的策略。继灭葛国后，商汤带领军队陆续灭掉夏的属国韦（今滑县）、顾（今范县）、昆吾（今许昌）等国，“十一征而无敌于天下”，从而完成了对夏的战略包围。

多年的经营，使得商汤的力量不断发展壮大。商汤和伊尹商量讨伐夏桀的事。伊尹说：“现在夏桀还有力量，我们先不去朝贡，试探一下，看他怎么样。”商汤按照伊尹的计策，停止了对夏桀的进贡。夏桀果然大怒，命令九夷发兵攻打商汤。伊尹一看还能调动九夷的部队，认为灭夏时机还不成熟，马上劝商汤向夏桀请罪，恢复向夏桀进贡。

一年后，夏桀诛杀重臣、众叛亲离，九夷中的一些部落也忍受不了夏朝的压榨勒索，逐渐叛离夏朝。商汤再次停止向夏桀进贡。这次，夏桀的指挥棒完全失灵了，九夷之师不听从他的命令了。到此时，商汤和伊尹才认为伐桀的时机完全成熟，于是果断下令起兵。

大约在公元前1600年，商汤正式兴兵伐夏。在战前他隆重举行了誓师活动，流传下有名的《汤誓》。他历数夏桀破坏生产，残酷盘剥压迫民众的罪行，对士兵们说：“我不敢进行叛乱，实在是夏桀作恶多端，上天的意旨要我消灭他，我不敢不听从天命！”借此来申明自己的目的是为了救民于水火之中。商汤还宣布了严格的战场纪律。这番誓师，极大地振奋了士气。

誓师后，商汤选良车70乘，敢死战士6000人，联合各方军队，采取战略大迂回，绕道到夏都以西，出其不意，攻其无备，突袭夏都。夏桀仓促应战，西出拒汤，同商汤军队在鸣条（今洛阳附近）一带展开战略决战。商汤军队奋勇作战，一举击败了夏桀的主力部队。夏桀一路向东败退，商汤乘胜追击。穷途末路的夏桀仓皇逃奔南巢（今安徽寿县南），商汤追到那里，宣布把他放逐，不久夏桀病死，夏王朝宣告灭亡。

商汤回师西亳（今偃师），召开了“三千诸侯”参加的“景亳之命”大会。商汤在这里成就了自己的霸业，就这样，在夏王朝的废墟之上，一个新的王朝——商朝建立了。

这就是历史上有名的“汤武革命”。古代把改朝换代说成是天命的变革，所以称为“革命”。这是中国第一次武力改朝换代。商汤通过“伐谋”、“伐交”、“伐兵”，最终取得战争速胜，这对后世战争的发展、军事理论的构筑，都产生过深远的影响。

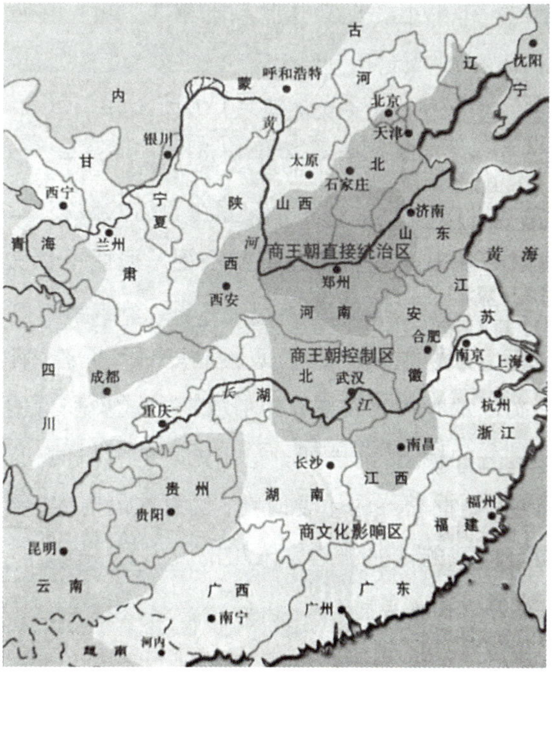

商朝势力范围示意图

商灭夏后，成为黄河流域的主要统治者，势力发展很快。商汤吸取夏代灭亡的教训，废除了夏桀的暴政，采用了“宽以治民”的政策，轻征薄敛，鼓励生产，安定民心。他对四周的许多国家进行了征伐，取得了一系列胜利，使四方归心。

在商代前期的政坛上，伊尹作用突出，他先是协助商汤治理国家。商汤死后，他又辅佐了外丙、仲壬、太甲三位商王，功勋卓著，他常用“明德则天下存，失德则天下亡”的历史教育商王。第四位商汤的孙子太甲继承王位后，暴虐乱德，伊尹一连写了多篇文章进行劝谏，其中有篇叫《肆命》，教授太甲如何分清是非，什么事应该做，什么事不应该做。但太甲依旧恣意放纵，无奈之下，伊尹亲自摄政，将太甲放逐到了商汤的陵寝桐宫，让他反省改过。三年后，太甲真心悔过，改恶迁善，伊尹将他从桐宫迎回来，将政事交还于他，自己则告老还乡。太甲回来后，勤修德政，使商朝慢慢走向繁荣稳定，而太甲也因此成为一个明君。这个历史上唯一的“以臣放君”的故事，在《孟子》、《左传》等书中的记载与此基本相同，可见在古代流传很广。《孟子》称伊尹是“天下为公”，“大仁”、“大义”，伊尹因此成为后世儒家推崇的人物，孔子称赞说“大贤唯有伊尹”，后来更是被尊称为“元圣”。第五位商王太甲的儿子沃丁继位八年，伊尹逝世，活了一百多岁。沃丁以天子之礼将其安葬在商汤的陵寝旁，以表彰他的功业。在商代，伊尹受到诸王隆重的祭祀，殷墟甲骨文中就有祭祀伊尹的卜辞，可见他的地位之高。

在伊尹的辅佐努力下，商代的国家机器、政治制度日臻完善，社会也比较稳定，经济、文化都有很大发展，甲骨文字的成熟和青铜冶炼技术的进步即是其显著的标志。商王朝打造出灿烂的青铜时代，成为中国古文明形成特色、走向繁荣的重要时期。认识这段历程，我们才能更深刻地领略秦皇汉武的恢弘、唐宗宋祖的阔大。

甲骨文的今古传奇

商朝的历史，直到1899年之前，还是个悬案。但就在这年，面对京师药铺的“龙骨”，王懿荣的慧眼从中识别出了揭开殷商历史的密码。这个发现，来得有点“不是时候”，当时的中国多灾多难，西来的、东来的侵略者们正虎视眈眈中国这块天鹅肉。但甲骨学终于在这乱世、末世间逐渐确立起来，成为20世纪的一门显学，让人们得以窥见商朝历史的真相，让人们得以借此进一步设想尚待解密的夏朝的状况。

刻有卜辞的牛胛骨

19世纪末年，大清朝的国势已经是风雨飘摇，危如累卵。1900年，也就是光绪二十六年，这年六月八国联军杀向北京。帝后仓皇逃向西安，却把保卫京城的重任交给了一位官仅四品的国子监祭酒。国子监是当时国家的最高学府，而祭酒则相当于校长的官衔，任命他为京师团练大臣。八月十五日，京城沦陷。这位临危受命、指挥兵民浴血奋战的京师团练大臣，败回家中后，愤然写下绝命书，誓死不做亡国奴，先是吞金服毒，然后偕夫人谢氏、长媳张氏从容投井殉国。这一位宁为玉碎，不为瓦全的民族英雄，正是甲骨文的伟大发现者和享誉中外的“甲骨文之父”——王懿荣。

王懿荣像

在王懿荣之前的几千年，不知道有多少人曾经见过甲骨，但人们的注意力和兴趣显然仅仅集中在它的“能治病”上。历史终于走到了晚清，甲骨文就在这乱世哀歌中以十分曲折、十分悲壮的过程被发现了。

这先得从一个名字叫李成的农民说起。缺少专门知识的他，是河南省安阳县洹河边小屯村人。这年夏天，患了疥疮的李成，坐在田头，无意中捡起一块有刻画的骨片，他把骨片揉搓成了粉末，涂抹在疥疮上，疼痒神奇地止住了，几次涂抹后，疥疮治愈了。李成喜出望外。从此他把大量的各种形状的白骨片片收集起来，送到附近城里的药店去卖。他告诉药店掌柜：“这白骨片片治疥疮和外伤有特效。”药店老板将信将疑，取来药典查看，终于弄明白这白骨就是中药里的“龙骨”。在李时珍《本草纲目》中有记载：龙骨是古爬虫动物的化石，能生肌防腐。药店收下了这些“龙骨”，李成从此做起了收集贩卖“龙骨”的“专业户”。药店老板为了赚钱，也陆续把“龙

甲骨文发现地

骨”转卖给各地。很快，“龙骨”进入了京城各大药店。

光绪二十五年夏天，居住在北京东安锡拉胡同的王懿荣身染疟疾，久治不愈。一位医术高深的老中医为王懿荣开出一剂药方。药方上有一味叫“龙骨”的药，立刻引起了王懿荣的注意。其家人从药房抓药回来后，王懿荣亲自查看，发现了中药里的“龙骨”碎片，有的碎片上镌有奇异的纹络。他亲临药房叮嘱药房老板，如果再有商贩送“龙骨”来，请代为引见。不多时日，名扬京华的古董商范维清被引见到王府，这次他带来了12片“龙骨”。这是他到河南安阳、汤阴一带去收购青铜器，没有如愿，听当地人说“龙骨”是药材，就顺手牵羊地收集了12片。王懿荣当即仔细端详着每一片甲骨上一个个单一成形的“符号”，紧缩的眉头舒展了。他兴奋地告诉在场的人：这是比钟鼎文更古老的中国文字！范维清这时才恍然大悟。

原来这药材是真正的古董。于是，王懿荣以每字一两银子的高价买下了这12片甲骨，当场给范维清六百两银子，并指使家人继续收购甲骨，倾其家财也在所不惜，在他壮烈殉国前竟收集了1500片！

王懿荣一边收集，一边开始了他的“发现”。他废寝忘食，通宵达旦，拿着放大镜逐块、逐字地深研细究。随之，一个又一个象形的、怪异的、抽象的、单调的文字符号被破译，字与字连为语言的链条，一个个链条随即构成一片清晰的文化意象，他对照《史记·龟策列传》、《周礼·春宫》的文字记载，终于他的脑海里，浮现出殷商王朝祭天盛典的情景、祈求福祉的占卜辞令、政治经济的记载、金戈铁马的征伐……

原来甲骨上镌刻的“画纹符号”是文字，是商代中后期文字，是中国最古老的文字！结果不胫而走，京城文化界为之轰动，中国文化界为之震撼，世界学术界为之注目！

甲骨文，是迄今为止的中国最古老、最系统、臻于成熟的文字，洋洋洒洒，博大精深。可以毫不夸张地说，没有甲骨文就没有现代的民族文字，就没有源远流长的中国文化。王懿荣成为把甲骨文考订为商代文字的第一人，被誉为“甲骨之父”，如果不是王懿荣，那么甲骨文的发现还不知要推迟多少年，甚至于中国的文化历史将要重写！

甲骨文的发现，把我国文字的源头上溯到了商代，推前了1000年。它记载了商王盘庚迁殷以及到殷代灭亡过程中，包括政治、经济、文化、军事、民族、宗教、天文、历法等真实的社会状况，使上古汉语和历史文化的研究得到了确切可靠的物证，彻底推翻了当时的“疑古论”，确认《史记》等一大批古籍文献记载的商代历史为信史。甲骨文的发现，如一道曙光冲破浓雾，照亮了史学界。值此，

史学界重视了地下出土文物的史料价值，导致了殷墟的发现和发掘，使历史文化研究走出了“故纸堆”的园囿，跨入了广阔无垠的新天地，从而为中国考古学的诞生和发展奠定了基础，开辟了中国历史文化学术研究的新纪元！

在甲骨文的收集整理方面，最早的就是王懿荣，其他还有刘铁云、王襄等。

刘铁云（1857～1909年）名鹗，江苏镇江人，他1903年所编《铁云藏龟》一书，是甲骨学史上的第一部著录，从此甲骨文由只供少数学者观赏、摩挲的“古董”，变为广大学者研究的资料。王襄（1876～1965年）字纶阁，天津人，祖籍浙江绍兴，世居天津，王襄和王懿荣基本同时，是我国殷墟甲骨文的最早鉴定和购买者之一。王懿荣虽然最早鉴定并购买甲骨，但他在1900年自杀殉国，没来得及对所藏甲骨进行全面研究，因而没有留下此学的论述，王襄不仅有鉴定、购买甲骨之功，还有著述传世，对甲骨学研究做出了一定的贡献。王襄虽然家境清贫，但他多次执意拒绝出售甲骨文。抗日战争爆发后，他宁肯卖衣物和家中什物维持生活，也不听从日本人的游说，不要日本人的高价，不让祖国的珍贵文物流往国外。1953年，王襄出任天津文史馆馆长，他将毕生搜购珍藏的甲骨文全部献给了国家。

20世纪30年代小屯发掘情形

新中国成立后殷墟中心区甲骨继续出土，最多的一次是1973年

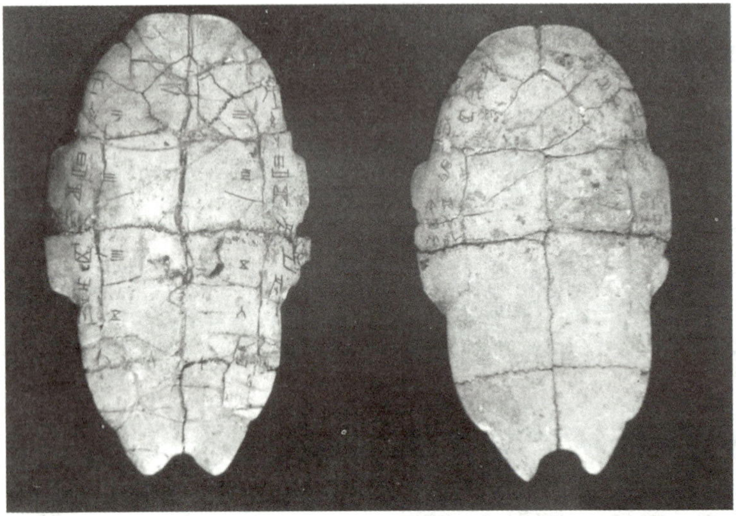

刻有卜辞的龟甲

小屯南地，自甲骨文首次被发现迄今，出土的甲骨已有15万片以上。中国社会科学院历史研究所汇集1899年以来80年间安阳殷墟出土、公私收藏以及流传海外的甲骨文共41956片，由郭沫若主编，胡厚宣总编辑具体指导，编印为《甲骨文合集》；考古研究所70年代在殷墟发掘所得甲骨4589片，由钟少林等5人编著《小屯南地甲骨》，都为甲骨文的研究做出了贡献。

甲骨文主要指殷墟甲骨文，是中国商代后期（前14～前11世纪）王室用于占卜记事而刻（或写）在龟甲和兽骨上的文字。它是中国已发现的古代文字中时代最早、体系较为完整的文字。

殷墟出土的甲骨文连同其他器物的铭文总共约有4500个单字，可识者约1/3。它的基本词汇、基本语法、基本字形结构跟后代汉语言文字是一致的。汉字形的结构原则如指事、象形、形声、会意、转注、假借等皆已齐备，可分为名词、代名词等11种词性，主语－谓语－宾语的基本语序已经固定。甲骨文还有从一到十、百、千、万等十三个记数单字和奇数、偶数、倍数的概念等。

甲骨文是占卜者写刻的，由于商王几乎每事必卜，故甲骨文卜辞的内容涉及了商代社会的各个领域，学者们认为，甲骨文是商代的“百科全书”，真实记录了殷商社会各个领域的历史状况，包括有关商代阶级、国家、战争的资料，社会生产的内容以及思想文化方面的内容等。在天文历法方面，甲骨文中有日食、月食和鸟星、新星、大星等记载，有“十三月”等闰月材料和干支记日及每日不同时间阶段时称如日、夕等。在气象方面，有不少卜雨、卜风以及易日、云、雷、雹、雪、虹等记载。在医学方面，有头疾、牙疾、鼻疾等疾病的记载以及关于生育的记载，当时已能准确推知预产期。

商王崇尚迷信，凡事占卜。占卜内容多以王室为中心，小至商王的梦幻、耳鸣，大至祭祀、征伐。占卜材料多为龟壳和兽骨，用前经过整治，在背面施以钻、凿。占卜时，先于甲骨背面钻凿处用火烧炙，正面即出现各式裂纹，就是以此定吉凶。占卜后，将所卜事项记刻于甲骨之上，即卜辞。甲骨文一般先刻竖画，后刻横画，先刻兆序、兆辞、吉辞、用辞，后刻卜问之事，故称为卜辞。甲骨文中，有的在刻画上涂朱砂或墨，有的用毛笔写在甲骨上，也有些是先写后刻的。

部分甲骨文与现代汉字对照表

商汤建立商朝时，最早的国都在亳（今河南商丘），在以后300年中，可能由于黄河下游多水患，都城一再搬迁。王位传到第20代王盘庚时，将都城从山东曲阜迁到殷（即安阳小屯村一带），开垦荒地，定居下来，这也才有了商代殷墟出土15万片甲骨文发现的基础。自盘庚迁殷至纣王共约273年，经历8世12王，成为我国历史上第一个有文字记载的古都。甲骨文的发现，为历史学家研究殷商时期的历史提供了宝贵资料，更为研究汉字的发展提供了重要凭证。

盘庚迁殷

殷墟——青铜时代的见证

自公元前1300年，商王盘庚将都城由山东曲阜迁到安阳小屯，3300多年过去了，商都早已成为废墟。然而，就在这24平方公里的“殷墟”遗址，不但发现了商代王陵遗址、宫殿宗庙遗址、洹北商城遗址，出土了大量的甲骨文，还在这里出土了许多的青铜器。甲骨文的发现，为研究商代的历史与汉文字的起源提供了宝贵资料；大量青铜器的发现，则成为青铜时代的伟大见证：证明了商朝已确切地进入青铜时代，已具有灿烂辉煌的青铜技术和文明，以此为中国古代文化的进一步发展奠定了基础。

殷墟出土的司母戊鼎——中国古代文化宝库中的一颗璀璨明珠

殷墟遗址

在安阳小屯24平方公里的"殷墟"遗址中，包括殷墟王陵遗址和宫殿宗庙遗址，同被联合国专家给予高度评价，在2006年被列入世界文化遗产。

在殷墟王陵遗址，发现有13座大墓（包括1座未完成大墓），2000多座陪葬墓和祭祀坑，有中国最早的车马坑，中国最早的祭祀场所和中国最早的女将军墓——妇好墓。其中，还有重达875公斤的国宝重器——司母戊的出土，被学术界公认为中国古代文化宝库中一颗璀璨夺目的明珠。而在殷墟宫殿宗庙遗址，井然有序地由北向南排列着80余座宫殿，其中，最伟大的发现，莫过于中国最早的档案馆——甲骨窑穴的挖掘了。

商代贵族装饰品——玉人，出土于河南安阳市殷墟妇好墓

在殷墟遗址，除出土15万余片甲骨卜辞外，还有大量的青铜器、玉器、骨角器、陶器等遗物。殷墟出土的铜器总数约6000件。大部分为兵器，还有少部分容器。从出土的青铜遗物来看，商代的青铜器种类很多，已具有先进的冶铸青铜技术，青铜铸造业是当时各类手工业中最为重要的一种行业。当时的青铜已广泛使

用，大多用于制造礼器和兵器，因此，从早商到晚商，青铜工业始终是被殷王室和奴隶主贵族所垄断的一种官府手工业。现有的地下资料证明：从陕西到山东，从河北到江西，包括河南、安徽、湖北等省在内，都有早商铜器的发现。当时铸造青铜器的作坊规模已相当可观。在郑州曾经发现两处较大的早商铜器作坊遗址。一处在商城以南，即今南关外东南约一华里，总面积在1000平方米以上，另一处在商城之北，即河南饭店一带，面积约270平方米。而在安阳殷墟发现的一处青铜作坊遗址，其面积则在1万平方米以上。到了商代晚期，冶铜术达到了更为崭新的阶段，其分布地域比商代前期更为扩大：北从长城以北的辽宁东部，南到长江流域的大部分地区，西从陕甘一带，东至江浙沿海，在这纵横数千里的范围内，都有晚商铜器发现，其影响所及更远远超出了这个范围。而在王都殷墟则集中了更多的作坊，成为全国青铜铸造业的中心地区。

商代青铜器物形态变化多态，器物上都有花纹，不仅精美，而且给人以神秘庄重的感觉。而商代青铜器中很有代表性的是鼎。1974年在郑州市张寨南街出土了两件商代前期的大方铜鼎，均为双耳，斗形方腹，四个圆柱形空足。两鼎通高100厘米，口径横长62.5厘米，纵长61厘米，重约86.4公斤。特别是1939年在安阳武官村出土的商代后期的司母戊鼎，最能代表商代青铜器制作的最高水平。母戊是商王文丁的母亲，司是祭祀的意思。大方鼎通高133厘米，横长110厘米，宽78厘米，重达875公斤，是上古最重的青铜铸件，投入铜料在千斤以上。这不仅是我国青铜时代最大的，也是古代世界青铜文化史中所仅有的。这件铜器所以珍贵、闻名，不仅是它的庞大的身躯，而更在于它的高超的制作技艺。经过科学分析证明，它是用铜、锡和铅三种元素所熔成的青铜合金铸成。其比例是铜84.77%、锡11.64%、铅2.79%，这三种金属元素所占比例，与战国时期《周礼·考工记》载的“六分其金（铜），而锡居一”，基本吻合。由此可见，战国时期记录下来的青铜配剂法，商代的工匠们已经基本具备了。还有，由于铜液热快冷速，所以必须在较短时间内灌注完一种器物才行，否则就会出现冷隔。我们知道，当时是用“将军盔”——一种大口尖底，形似头盔的厚胎红色陶器熔铜的，而一个“将军盔”一次只能熔铜12.5公斤，前述司母戊鼎重875公斤，至少需要70个“将军盔”同时进行工作才行。如果以每一“将军盔”需用三四人进行工作计算，则共需250人。马克思说：“简单的协作，也可以生出伟大的结果来”，司母戊鼎的铸造，正是这样的一个结果。

郑州出土方铜鼎

鼎，在最初只是一种烹煮器具，随着生产力的提高，到青铜器时代，鼎逐渐演变成一种地位、王权的象征。相传，大禹在统一天下时，把天下分为九州，每州用一个鼎来代表，拥有九鼎，以表示统一天下九州方国的领土。有一句话叫做得中原者得天下，我们平时所用到的“问鼎中原”便是由此而得。还有我们常说的一些成语，如“一言九鼎”、“三足鼎立”等这些含有“鼎”的成语一般都跟权力有关系。

现在所能见到的商代青铜器物属于容器者有鼎、殷、壶、盘、鬲、爵、觚、尊、卣、罍、彝、觥等，其他方面有乐器和车马饰物。容器主要是供奴隶主贵族使用的，制作讲究，上面有浅浮雕的花纹，常见的有饕餮纹、云雷纹、凤鸟纹、象纹和虎纹等。晚期的铜器上常常还铸有铭文。青铜工具有刀、斧、锛、凿、钻、锥、铲和鱼钩等，而石斧、石凿等在商代仍被使用，这说明青铜器的出现还无法完全取代石器工具。

商代已是奴隶制发展的时期。在商代只有奴隶主贵族才能使用青铜器，对大多数的平民来说，陶器仍是不可缺少的。在郑州铭功路西侧，发现了一处规模较大的早商制陶遗址。在约1400平方米的范围内，发现陶窑14座，房基10余座，有的房基显然与制陶有关。郑州发现的早商原始瓷器，已经接近于一般的瓷器，这就把我国发明瓷器的历史至少提早到3000多年前的早商时代，纠正了过去的认为我国瓷器始于汉代或魏晋的看法。商代的陶瓷工业已很发达，陶器以釉陶和白陶有水平。釉陶以青绿为主，可以说是原始瓷器。而晚新兴的商刻纹白陶，则是当时的一种珍品，也是奴隶主贵族的专用品，不仅一般平民不能享用，就是小奴隶主贵族也未必能够占有。

在商代，骨、角、牙、蚌器的用途很广，无论在生产、生活、文化和工艺方面都很需要，因此由地下发掘资料中可以看出，从早商到晚商，都有专门的作坊进行生产。当时的手工业除了铸铜、烧陶和制骨三个主要部门外，还有玉石业、漆木业以及纺织、缝纫等。殷墟历年出土的玉器大约2600件。玉器原料以新疆和田玉为主，另有部分南阳玉和岫岩玉。商代制玉已经有了一套从选料、造型、钻孔到琢纹、抛光的完整工序。经过雕刻的石器，有深刻、浅刻，立体或半立体的雕塑，以及镂空雕等，技术非常复杂。竹、木、漆、纺

商代象形铜尊。大象等动物曾广泛生活在黄河、长江流域，说明那时的生态环境远远优于后代

织品等有机物易朽，不易发现实物，但从出土物的遗痕看来，当时的雕木工业和漆器工艺也已经达到了相当发达的程度，当时的漆工有可能已经脱离了木工而成了一项专门的行业。商代的纺织业也是相当发达的。除在出土的器物上有细布与绢帛的痕迹外，甲骨文中多有桑、丝、帛等字。

此外，商代已有制造舟、车的手工业。这除在甲骨文中已有舟、车字外，还在殷墟发掘中发现车马坑16座，内出土殷代车子18辆。迄今发现的车马坑中，除个别例外，几乎都发现有成套的青铜武器。这说明马车在商代主要是奴隶主贵族用于作战和狩猎的工具，真正用于交通事业上的当时不会多。

由于公社的残存，商代的商品交换关系受到了很大的局限，但从甲骨文中有贝字和商墓中又有贝的出土，说明贝在当时确已作为货币使用了。

总之，殷墟的发掘标志着中国近代考古学的诞生。殷墟被许多学者称为“中国考古学家的摇篮”。郭沫若先生称：“殷墟的发现，是新史学的开端。”殷墟王陵遗址被国际专家、学者赞誉为“第二个古埃及”，其价值可与世界七大奇迹相媲美。

商代贴金箔铜人头

文王"演易",武王"克商",周公"制礼作乐"

周革商命，是我们目前所能确切知道的一次不凡的"改朝换代"史。此后几千年封建社会的"革命"，在基本程序上，无不仿效之。周取代商的历史进程，经过了文王"演易"，武王"克商"，周公"制礼作乐"三个阶段才最后完成和实现。用今天的话来讲，所谓"演易"就是确立"革命"的思想理论基础，"克商"就是运用军事手段，"制礼作乐"就是在铲除旧制度的基础上创设一套新的治国平天下的方略和举措。

周公辅成王"制礼作乐"

先周是勃兴于中原西部黄土高原陕西渭水流域的一个古老部落。传说周人的始祖是帝喾元妃姜原的儿子弃。弃好农业，在帝舜时担任农师，号称后稷，教民耕稼。周族经过多次迁徙，后古公迁到岐山南边的周原(今陕西岐山县)定居下来,逐渐发展成一个新兴的西部势力，自称为周。古公的幼子季历继位后，修行道义，发展生产，驱逐夷狄，力量更为强大。商王文丁感到周国的威胁，派人将季历杀死，季历的儿子姬昌继位，就是有名的周文王。周文王昌仁慈爱民，礼贤下士，对外招贤纳士。他仿效先祖重视农业，实行仁政。在他的治理下，周国力日渐强大。

西周国力增强壮大,引起商王朝的不安。商纣王听信亲信谗言，将姬昌拘于羑里（今河南汤阴县)。汤阴县羑里城，是《周易》诞生的地方，位于今河南汤阴县北4公里。周臣为营救文王出狱，搜求美女、宝马、珠玉献给纣王。纣王见了大喜：“仅此一物（指美女）就足够了，何况宝物如之多！”于是下令赦免文王出狱。并赏给他弓、矢、斧、钺,授权他讨伐不听命的诸侯。这就是史书中说的文王“羑里之厄”。

周文王被拘的羑里，正是他“演易六十四卦”的地方。四周蓍草青青，白花点点。青与白，草与花，仿佛阴与阳、动与静构成的一方小世界。蓍草，通称蚰蜒草或锯齿草，相传，伏羲氏就是用蓍草画八卦的。汤阴县羑里城的这片蓍草，至少已生长3000年。3000年前，在羑里城，周文王被纣王关进了监狱时，

西周周族势力范围示意图

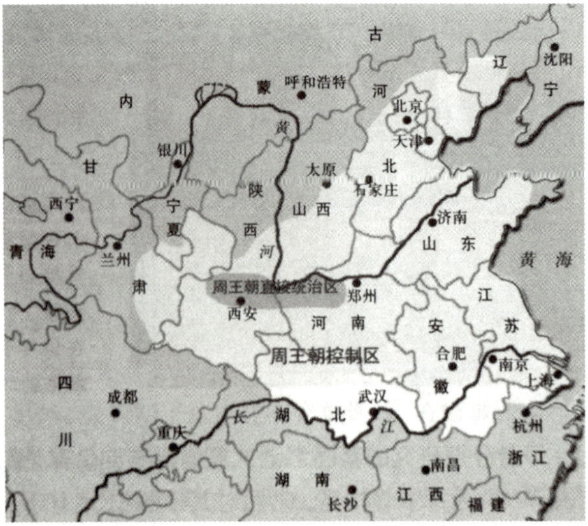

周文王已是82岁的老人了。在监狱中，正是凭着这片蓍草，周文王正数反数，正测反测，仰观天象，俯察大地，悟出了天地乾坤、自然万象的真谛，将伏羲氏的先天八卦，与他的"天道、地道、人道"思想相融合，进一步推演为六十四卦，并按照象数的内涵和有关缘由，分别配以具有吉凶利否含义的卦辞和爻辞，完成了几乎涵盖人类社会全部内容，被誉为"群经之首"的《周易》。

周文王为我们留下了中华文明中具有里程碑意义的典籍——《周易》。《周易》是一部探求宇宙奥秘与人世变迁的书。中华科学、思想文化的源泉是《易》。所以称为"易"，郑玄解释有三义：一是简，二是变易，三是不易。就是讲万物之理有变有不变，现象在不断变化，而一些最基本的原则又是不会变的，这就从客观世界的辩证发展中抽象出了理论上十分丰富的朴素的辩证法。

周文王被囚禁七年，出狱后下决心灭商。他一面向纣王献地，请

周文王演易坊，中国最早的国家监狱，羑里

周文王与姜尚（姜子牙）相遇

求免除酷刑，取得信任，一面访贤任能，壮大国力。他出去打猎在渭水河边巧遇年已垂老、怀才不遇的姜尚（名牙，人称姜子牙）在水边钓鱼。文王同他攀谈起来，相互谈得很投机，当文王了解到姜尚确有真才，便让姜尚与他同车而归，立以为师，共同筹划灭商策略，尊称姜太公。文王首先征服了附近许多小国和部落，统一了渭水流域，并将周的都城由岐山周原东迁渭水平原，建立沣京（在今陕西长安县沣河西岸）。接着又向南扩展势力到长江、汉江、汝水流域，向东伸入到今山西、河南境，形成了“三分天下有其二”的形势。

就在这大功即将告成之际，文王不幸死去，其子姬发继位，称武王。他继续文王未尽的事业，将都城扩至沣水以东的镐京（今陕西长安县境），积极作灭商的准备。

武王继位后，对内重用贤良，对外争取联合更多诸侯国，孤立商王朝，壮大自己力量。军师姜太公和弟弟太宰姬旦等良臣均各当其位，人才荟萃，政治势力蒸蒸日上。

公元前1048年，武王举行了历史上有名的“孟津观兵”。武王率兵东进，并在中军竖起写有父亲文王的牌位，在黄河南岸的孟津（今河南孟津县东北会盟镇）举行了一次大阅兵。有800诸侯闻讯赶来参加。但武王和姜太公认为时机还不成熟，在军队渡过黄河后又下令全军返回，告诫大家不要操之过急。

过了两年，武王探知纣王更加昏庸暴虐，众叛亲离。武王同姜尚研究，认为灭商条件已完全成熟，决定发兵伐商。武王率兵车300

乘、近卫武士3000人、甲士4.5万人向商都朝歌（今河南淇县）进发。大军在朝歌郊外的牧野（今河南汲县南卫河以北），与纣王的17万（一说70万）商兵进行了一场历史上著名的牧野之战。决战开始后，周军士气高涨，奋勇冲杀，商纣的军队则一触即溃。纣王见大势已去，登上鹿台，自焚身死，商朝由此灭亡，武王建立周朝，时年公元前1046年。

武王克商后，听从其弟周公旦的建国方略，在政治上采取了许多政策和措施。

首先，采取了以殷治殷，分而治之的办法，安抚殷商遗民。武王封纣王之子武庚为殷侯，继续治理殷民。同时将殷商王京城周围千里之地分为卫、庸、邶三个小国，封自己的三个弟弟分别治理，负责监视武庚，号称"三监"。他下令释放被纣王囚禁的百姓，散发供纣王淫乐奢侈的财物、粮食，赈济饥民和贫弱的百姓。其次，采取"封邦建国"的方略，把全国分成若干个侯国，由周天子分封给姬姓亲族和有功之臣；在封国内，又分封卿、大夫，卿、大夫又有自己的家臣，属于"士"的阶层。这种周天子—诸侯—卿、大夫—士的政治等级制度，确定了他们之间的隶属关系。

著名画家卢延光笔下的周武王姬发

武王还同公旦讨论过在当时被认为地处天下之中的洛邑（今河南洛阳市内）营建东都，以便于加强对东方的控制。可惜他未能实现这个计划，在灭商二年后逝世。

武王死后，其子诵继位，为成王。成王年少，时年13岁。天下初定，武王之弟周公旦恐怕诸侯不服，以王叔摄政。历史上通常不称周公旦的名字，只叫他周公。当时管叔、蔡叔不服，联同殷纣之子武庚，带领淮夷（也称东夷），发动叛乱。

周公毅然率兵东征，平定了叛乱，诛杀了武庚和管叔，放逐了蔡叔，收服了殷的余民。周公东征后，因为周的都城在陕西，距离东方较远，为了加强对东方的统治，周公又负责营建东都洛邑（今河南洛阳）。洛邑建成后，以八师的军队驻守，并将跟随武庚叛乱的殷遗民迁到这里居住，以便控制。

周公像

周公辅助成王期间，为周朝建立了各项典章制度，史称制礼作乐。确立了以宗法制度为中心的政治体制。周公勤于国事，贤能而不辞劳苦。辅助成王执政7年，到周成王满20岁的时候，周公把政权交给成王管理。成王又亲自讨伐东夷，使东部得以安定。成王死后，继位的康王继承先王的事业，勤于政事，平易近民，刑罚几十年不用，社会更加安定。

西周比较周密的国家机器，使周天子具有国家至高无上的统治地位，天子之下是辅佐大臣太师、太傅、太保“三公”，三公之下是负责日常政务的百官。以宗法制度为基础的分封制和以等级制度为重要特征的宗法制，一方面使各诸侯国对内在政治、经济及军事等保持有一定的独立性，另一方面，使周天子有了统天下于一身的权力。这相对于商朝那种原始小邦的林立显然是一个进步。与此相应，西周的经济发展水平也要比殷商时期高出许多。农业工具有不少改进，青铜农具得到较普遍的使用；农产品品种增加，田间管理水平提高，使西周的农业发展强盛一时。同时，纺织印染、青铜铸造、陶器烧制、漆器制作等手工业在生产能力和工艺技术上都有长足的进步，商业已成为西周社会经济不可缺少的部门。货币除贝以外，已开始使用青铜，以货易货的贸易方式则更是十分流行了。

武、成、康三代，政治清明，是周的黄金时代。姬姓西周的国王，从武王克商到幽王亡国经11代12王，共存276年。西周的疆域，南抵长江以南，西达今之甘肃，东北至今辽宁，东到现在的山东，实为一个规模庞大的奴隶制国家。到第十二代天子周幽王时，王朝的危机四起。关中地区发生地震、山崩和河水枯竭等严重自然灾害，周幽王不仅不抚恤灾民，反而更加奢侈腐化，贪得无厌。他非常宠爱妃子褒姒，但她就是不爱笑。为了博得宠妃褒姒一笑，幽王举烽火欺骗诸侯。诸侯看到骊山烽火台的烽火点燃，以为犬戎打过来了，赶快领兵马来救，结果一看，什么也没有，只听到山上阵阵乐声。褒姒看到诸侯们乱哄哄地愣在那里，真的笑了起来。最严重的是，幽王决定废去王后申氏，杀掉太子宜臼，另立褒姒为王后，立褒姒的儿子为太子。申后的父亲申侯于是联合西方部族犬戎，举兵攻打周幽王，在骊山下杀死幽王。然而，当幽王的儿子宜臼即位时，关中遭受兵火洗劫，残破不堪，犬戎又不时前来骚扰。周平王宜臼只得将都城迁到洛邑，史称平王东迁，时年公元前770年。东周开始。

泥人张彩塑周幽王与褒姒

“礼坏乐崩”时听百家争鸣

西周时期的周王是天下的共主，而东周之后进入了一个大动荡大变革的时期。东周被史学家分为两个时期，前期称春秋，后期称战国。在春秋晚期，制礼作乐和征伐的大权由天子下移到诸侯、大夫手里，“礼坏乐崩”，宗周礼乐制度逐步走向解体。这新旧制度交替的大变革，给诸子百家争鸣创造了条件，“士”作为百家争鸣的主导力量，登上了中国历史的舞台，也由此揭开了延续2000年不息的思想解放的盛会。

老子授经图

西周时期，周王在政治上是天下的共主，在宗法关系中为海内的大宗。然而，自周平王东迁洛阳建立东周之后，这种格局发生了动摇，进入了一个大动荡、大变革的时代。

东周被史学家分为春秋和战国两个时期。前期称春秋，后期称战国。春秋、战国时期的政治大动荡、大变革，源于社会生产力的发展。春秋晚期，铁器登上历史舞台，使开垦荒地成为可能，加上牛耕用于生产，促使生产力大大提高，奴隶制渐渐瓦解。原有的井田制崩溃了，由周天子授给诸侯的井田原皆属王田，或称公田，逐渐变为私田，大量占有土地的奴隶主们逐渐向地主转化，新兴地主阶级兴起，到战国时期封建制度已确立。与此同时，原来分封制下权力只属周王，而春秋战国时期各大诸侯国逐渐自行分封，以郡县制替代了分封制，各大诸侯国集权逐渐加强，而周王室的权力日益衰微。周天子所控制的地盘愈来愈小，诸侯们对周天子的朝聘贡献就越来越少，其权威也越来越低。周天子军力、财力不断削弱，并趋贫困。早在春秋时期，周王向诸侯“告饥”、“求金”的记载不胜枚举，甚至到平王、桓王死时要向诸侯国求助丧葬费的地步。

在这一大动荡、大变革的过程中，许多小诸侯国被大国吞并，大国之间频发争霸战争。相传，周初封诸侯“凡一千八百国”，“春秋之初期尚有千二百国”，而到春秋末期仅余十数国，主要争霸国仅有齐、楚、晋、秦、吴、越之“春秋六强”，到战国开始，则仅有齐、楚、燕、韩、赵、魏、秦等七雄争霸的局面了。

周礼，是指奴隶制的典章制度和道德准绳。周礼规定“礼乐征伐自天子出”，可到了春秋晚期，制礼作乐和征伐的大权由天子下移到诸侯、大夫手里。“礼坏乐崩”，正是对东周时期的典章制度逐渐被废弃的一种形象描述，是对宗周礼乐制度逐步走向解体的描述。

在当时新旧制度交替的大变革时期，自然在思想文化领域也引发了重大变化，给诸子百家长期共存和自由争鸣创造了条件，形成了学术思想空前活跃的局面，其主要表现就是百家争鸣的出现。在这一思想变革的过程中，“士”是最为活跃的一个群体。

“士”原是奴隶社会贵族阶层中的最低一个阶层。在西周宗法体系中，“王臣公，公臣大夫，大夫臣士，士臣皂。”这里的皂就指庶人。在经济上，“士食田”，他们有一定数量田亩，也享受着剥削的生活。士一般要受到“六艺”的教育，礼、乐、射、御、书、数，能文能武，战时可做下级军官，平时则做卿大夫的家臣。在春秋战国的大动荡、大变革中，随着王纲解纽，礼坏乐崩，士人的地位发生了变化，开始分化瓦解。有的依附于新制度成为新兴地主，有的做了家臣或武士，有的则放下架子做起过去一向被轻视的各种“贱业”，诸如务农、经商、小手工业者等。还有一些士人，利用自己长于礼乐、熟悉古典文献的优势，借社会制度的大变动中民间聚徒讲学风气兴起之时，干脆广招门徒，大办起私学。而多元化的政治格局和各诸侯国之间的激烈竞争，更为士人及各类思想家提供了施展才干的机会。权贵们争贤养士和群士周游列国成为一代风尚。而游说也成为士做官发迹的主要门径。

面对社会制度的大变革，经济基础和人的关系的大变化以及科学技术的发展，许多新的社会问题和哲学问题也被提了出来，如礼治与法治、王道与霸道、古与今、天与人、名与实以及人性的善恶、世界的起源等问题，对这些问题，代表不同阶级和阶层的人士，提出各自不同分析、解释和看法，以期得出治世的药方，从而划分为不同的学派，总称为诸子百家。各家各派都著书立说，互相辩驳，展开思想上的斗争，形成“百家争鸣”的局面。所谓“百”家，并不

杏坛，孔子讲学处

是实数，只表示数目之多而已。实际上在当时的诸子百家中，主要是儒、墨、道、名、法、阴阳六家，此外还有农家、纵横家、兵家、杂家等。

春秋末年，孔丘在鲁国聚徒讲述六艺，“其弟子盖三千焉，身通六艺者七十有二人，”发展为儒家学派。儒家的大师很有几个，孟子和荀子是其中最有代表性的人物；儒家分八派，荀子和孟子是其中最重要的两派。

孟子，名轲，其出生时间大约在孔子死后100年。战国中期邹国（今山东邹县）人，是孔子的弟子子思的再传弟子。他一生的经历很像孔子，过着长期的私人讲学的生活，带着学生们周游列国。随从的学生最盛的时候，是“后车数十乘，从者数百人”。他也是到处受到当权人物的款待，而他的政治主张却不被接受。他的言论，汇集在《孟子》一书里。

孟子继承孔子的仁的思想而有所发展，提出施行“仁政”的主张，反对暴政。提倡耕者有其田，这正是一条有利于封建化的道路。“仁政”的中心思想是重民。孟子提出“民贵君轻”。他认为，得民心的做国君，失民心的国君是人人得而诛之的独夫。从治民的立场出发，目的在于取得民心巩固统治。孟子主张仁政的理论根据是“性善论”。他认为，人生下来就有仁、义、礼、智等善良本性，不过有的人把这种本性保持下来了，而有的人把这种本性丢掉了。按照他的说法，每一个国君都是能行仁政的，每一个老百姓都是可以接受仁政的。把能行和能接受都说成是善，这实际上就宣扬了剥削阶级和被剥削阶级永远存在的合理性。孟子说："劳心者治人，劳力者治于人"，就把这个意思说得更露骨了。

孟子像

孟子强烈地反对当时的兼并战争。他认为，那些善于战争的人应当受到重刑。孟子也看到了战国的趋向是统一。但他说："不好杀人的人，才能统一。"意思是说，行仁政才能统一，暴力是不行的。

儒家的另一著名代表人物是荀子。战国末年赵国人。荀子以儒家学说为基础，批判总结百家之说，发展了春秋战国以来的朴素唯物主义和无神论的思想。荀子批判"天命观"。他认为天是列星、日月、四时、风雨、寒暑、阴阳等自然界变化的现象，它们有自己的法则，但并没有意志和目的。他说，天不会因为人们怕冷就取消冬天，地不会因为人们嫌远就缩小它的面积，自然界的运行法则，不因为有了贤明的尧才存在，也不因为出了暴虐的桀就消失。如果人们加强农业生产，又节约开支，天就不能使人贫穷；衣食周全，又经常活动身体，天就不能使人生病。他认为，人有充分的主观能动作用，能够适应和利用自然法则，从而就能役使万物。荀子的这种思想反映了地主阶级在封建社会上升过程中的新兴气象，这跟孔、孟、老、庄及墨家的面貌是很不同的。

荀子也讲仁，但很重视礼。他批判地继承了孔子对礼的思想。一方面仍然认为礼是维护贫富差别和贵贱等级的，但另一方面，他往往以法跟礼并提，把礼变成了法的同义语，并有时把法的地位提得更高。荀子主张性恶论，这和孟子的性善论是相对的。荀子认为人

荀子像

生下来就有欲望。“目好色，耳好声，口好味，心好利。”荀子从性恶论来解释礼的起源，强调后天学习的重要性。他说，人生下来就有物质欲望。物质欲望得不到满足，就有争夺。争夺使社会秩序紊乱，因而强调“国之命在礼”，这就产生了维持社会秩序的礼。荀子对于礼的看法，体现了这个儒家大师趋向法家的特点。他的学生韩非，就更进一步成为法家的的集大成者。

法家的创始人是韩非，生年不详，死于公元前233年。法家的学说同儒家不同，他反对儒家提倡的“礼义”和“仁”，主张“法制”。韩非研究了政治史上的经验教训，提出了一套法、术、势相结合的封建统治主张。“法”是君主制定的成文法，是据以统治人民的条规；“术”是手段，是君主驾驭臣民的权术；“势”是指君主至高无上的权势。韩非认为，法、术、势是缺一不可的“帝王之具”。他主张集一切权力于君主，君主凭势，用术，通过法来统治人民。韩非的思想集中地代表了封建地主阶级的利益和要求，为即将到来的封建专制主义的皇权提供了理论根据。战国晚期，法家在学术领域和政治领域都显得颇为重要。秦王嬴政就重用信奉法家学说的李斯，还特地召见了韩非。李斯和韩非都是荀子的学生。

老子像。道家对后世的影响主要是《道德经》。有人统计，《道德经》目前已有80余种译本，是仅次于《圣经》被翻译最多的一部作品

起于中原的道家，创始人是春秋末期的老子，老子是楚国苦县（今河南鹿邑东）人。他对后世的影响主要是一本《道德经》的著作。他开创了我国古代哲学思想的先河。《道德经》全书5000余字，但所蕴涵的哲

学思想极为广博。《道德经》的精华是朴素的辩证法。例如名句：“祸兮，福之所倚；福兮，祸之所伏。物或损之而益，或益之而损。”书中提出无为、公平、简政、反战的政治主张，影响至今。道家学派到了战国之后，最著名的是庄子。在道家学派中，庄子与老子齐名，并称“老庄”。道家的主张不同于法家，他们反对烦琐苛刻的法令，主张“无为治国”，一切听其“自然”。要统治者满足现状，不要有所作为：“小国寡民”过原始、简朴的生活，那是最美好的。

庄子，名周，宋国人（今河南商丘附近）。他的活动年代在公元前369年至前286年。庄子跟老子一样，也是以“道”作为天地万物的根源，但庄子的道不同于老子的道，老子的“道”是独立的精神性的东西，庄子的道却变成了主观精神的东西，这也就是客观唯心主义和主观唯心主义的区别了。在庄子看来，只有道是绝对的，其他事物都是相对的，由认识者的主观感觉如何而定，没有什么客观的标准。他举例说，毛嫱、丽姬，人见了以为是美女，鱼见了躲避到水底，鸟见了吓得高处飞，鹿见了赶快跑开，究竟什么是真正的美呢？他认为儒家和墨家所争论的是非，本来是没有什么是非的，如果能做到“无已”、“无功”，忘掉自己的存在，就可以得到真正的自由了。他妻子死了，他敲起瓦盆唱道，生死一样，生死交替如同春夏秋冬四季运行。他理想的最美好的社会是与禽兽同群共存。庄子的这种无是非、齐死生、忘物我、不分梦醒、反对进步、幻想回到人类远古社会的思想，是反映了跟老子一样的悲观情绪。但庄子的思想比老子的思想更加消极颓废。

墨家的创始人是墨子，出生在孔子之后，生于战国初期。他提出“兼爱”，“非攻”等，主张天下人皆相爱，反对战争。墨家是一个有组织的学派。墨子死后，弟子们推举领袖，称为巨子。

封相荣归图，以苏秦、张仪为代表的纵横家是一批没有一定价值取向，而只以进入权力核心谋取富贵为目的的游士

名家的代表人物是战国时代的惠施与公孙龙。惠施强调事物的“同”，只见其同，不见其异。公孙龙强调事物的“异”，只见其异，不见其同。阴阳家则主张阴阳五行之说，以邹衍为代表。邹衍提出五行相生和五行相克之说。即木生火，火生土，土生金，金生水，水又生木；金克木，木克土，土克水，水克火，火克金。此外，农家讲究生产技艺，纵横家擅长合纵连横的策略，兵家则研究兵法。春秋末年孙武所著《孙子兵法》，战国时代孙膑所著《孙膑兵法》应是最有影响的兵家之著了。杂家主张综合各派学说的长处，以吕不韦为代表。吕不韦招徕各派学者，编成《吕氏春秋》一书，选取儒、法、兵、农、阴阳等各家学说，形成一套思想，成为历史名著。

春秋战国时期的百家争鸣在中华民族思想文化的发展史上，是一个奠定此后两千年思想文化基础的轴心时代，对中国后世文化的纵向延续和横向发展都有极重要的影响。

孙武、孙膑

孔子、墨子留下的万世瑰宝

在春秋战国讲学盛行的风尚中，孔子是私人讲学的重要倡导者，也是在私人讲学的风尚中最有成就、最有代表性、对当时及后世影响最大的人。略后于孔子，有墨子，创立了墨家学派，与孔子创立的儒学学派并称为显学。正是孔子、墨子创立的儒家、墨家学派联同老子及其追随者所创立的道家学派，一起揭开了百家争鸣的帷幕，并成为中国封建时代文化留下的万世瑰宝。

孔子讲学图

孔子名丘，字仲尼，春秋时期鲁国曲阜人，生于公元前551年，死于公元前479年。孔子是我国古代的伟大思想家、教育家，是儒家学派的创始人。他出身于一个有贵族传统而已失掉贵族地位的家庭，其曾祖父为避难才由宋国到了鲁国。孔丘就生长在鲁国。他做过大夫，而一生主要是从事私人讲学，长期过着私人讲学的生活。他经常带着一些学生，周游列国，受到各国当权人物的款待，但他没有在政治实践上得到亲自检验自己政治理想的机会。晚年，他又回到鲁国，专心于整理文化典籍，其中包含诗、书、易、礼、乐和春秋，这在后来都成为儒家尊奉的经典。他在世时的言论，后世流传很多，其中主要而可信者，是《论语》一书。

著名画家戴敦邦笔下的孔子

孔子在政治上是保守的。他向往西周的制度，他一生奔走呼号的目的就是恢复周礼。仁，是孔子思想体系中的核心。孔子所讲的仁，是复礼的手段，是为维护周礼服务的。“克己复礼为仁”，“一日克己复礼，天下归仁焉”意指人要约束自己的言论行动回到周公的宗法礼制社会去，就是仁。春秋时期历史运动的总趋向，是“礼坏乐崩”，恢复周礼是行不通的。孔子自己也说：“道之将废也与，命也！”他无可奈何地只好归之天命了。孔子思想学说的另一个重要方面是“中庸之道”。主张做事既不能“过”，也不能“不及”，“过犹不及”，要合乎“中”。“过犹不及”的思想，作为方法论来看，使事物保持内部平衡关系，以求稳定发展，是有一定道理和意义的。孔子没有摆脱天命、鬼神，但在天命、鬼神与人事之间什么是起决定作用的问题上，孔子更重人事。这代表了春秋时期思想领域里的进步倾向。

山东曲阜孔庙大成殿

孔子最突出的贡献还在教育方面。他首先聚徒讲学，打破了贵族对教育的垄断。他提出“有教无类”，招收学生没有门第、等级的限制。孔子说：“性相近也，习相远也。”这是说，人性本来相近，后天习学不同而相远，这是孔子教育思想的出发点。孔子教育弟子的四个主要内容，“文、行、忠、信”里，文虽放在第一位，但行忠信却大都属于道德品质教育，实际上德育占有主要位置。他要求弟子首先做一个符合社会标准的人，其次才是学习文化知识。孔子还把礼节、音乐、射箭、驾车、写字、算数等“六艺”教给学生。

孔子的教育态度是“诲人不倦”，教育方法是“循循然善诱人”，他很了解弟子的特点。孔子在教学与学习方面积累了丰富的经验。在教学方面，他首先引导弟子在学习上“求诸己”。他说：“知之者不如好之者，好之者不如乐之者。”其次，他主张启发教学，举一反三，因材施教。对弟子们提出的同一问题，他根据每个人的特点予以不同的回答。在学习方法上，孔子主张“学”与“习”并重，“学”与“思”不能偏废，还主张“学”与“问”相配合，“敏而好学，不耻下问”，主张学习要去掉一些主观的东西。在学习态度方面，孔子主张要老实，要虚心，更要勤勉。他说：“知之

孔林古神道，位于今山东曲阜

为知之，不知为不知。”“三人行，必有我师焉。择其善者而从之，其不善者而改之。”他自称是“学而不厌，发愤忘食”。

孔门弟子守丧图。孔子去世后，弟子守丧三年

孔子创立的儒学，是中国封建时代的文化核心。他的博学和他晚年收集整理的诗、书、易、礼、乐、春秋六经是对中国古代文化的巨大贡献，孔子和《论语》在中国思想文化史上占有重要的地位。

墨子，鲁国人，一说宋国人，名翟。他的活动年代，在公元前468年至前376年。他自称为“贱人”，原是一个工匠，后读书很多，成为很有学问的“士”。相传他早年“学儒者之业，受孔子之术”，后鄙弃周礼的烦琐，创立了一个与儒家对立的学派，即墨家。他和他这个学派的言论，汇集在《墨子》一书里。墨子的思想和学说在当时的影响很大，与孔子齐名，称为“孔墨显学”。

墨子说：“今天下无大小国，皆天之邑也；人无长幼贵贱，皆天之臣也”，主张平等、兼爱。他的思想反映了平民群众的利益，提倡无差别的爱。这跟孔子所讲的仁不同。墨子非礼、非乐，反对繁文缛礼，主张节葬、节用，反对厚葬久丧，这些都是对贵族生活的否定，也是跟儒家学说的对立。从兼爱的观点出发，墨子又主张“非攻”，反对兼并战争，指斥战争对生产、对人民的祸害。墨子在政治上提出“尚贤”、“尚同”的主张，反对王公大人的“无故富贵”，主张推举有才能的人管理政治，跟孔子主张“举贤才”而不明确反对世官世禄，也是有区别的。墨子提出“尚同”，要求建立自上而下的严格的统治制度，并以尚贤为基本条件。

从思想体系上说，孔子和墨子都是唯心论者，但墨子在认识论方面有唯物主义的因素。他提出认识事物的三条标准：一是“有本之者”，有历史根据；二是“有原之者”，有感性的基础；三是“有用之者”，有实际用处。其中有两条是根据耳闻目见的实际情况和客观效果的验证。墨家的后学，继承了这个优良传统，发展了墨家认识论中的唯物主义因素，并在自然科学领域里有所贡献。

墨子，春秋战国时的思想家、政治家，提出“兼爱”、“非攻”等观点，创立墨家学派

墨子创立的墨家学派，是一个有组织纪律、具有政治性质而带有宗教色彩的团体。墨家的首领叫巨（钜）子，由上代指定，代代相传。墨者团体的成员对类似宗教教主的巨子，有以死尽忠和舍命行道的精神。它的成员生活刻苦，跟贫贱者相似。

墨子比孔子的生活年代稍晚而社会变动较

剧。他们所代表的学派和社会阶层有不同，对事物的感受、态度、思想也各异。孔子向往、称赞西周制度，对“礼坏乐崩”的现象惋惜地加以批评，在客观上虽也暴露了社会矛盾，但他的态度温和，企图以“损益”、改良的办法来消解矛盾，以达到他那古圣先王的理想社会。墨子比孔子的社会政治思想激进。他揭露了战国初年的社会矛盾和贵族政治、生活的丑恶、腐朽。墨子的非命论与孔子的天命论相反。孔子以为君子知命，小人不知命。墨子以为“命”是从前统治者“暴王”制造出来欺骗老实百姓的。墨子虽仍承认贫富贵贱存在的合理性，但他否定贵族传统宣扬的命定论，强调人的力量，这是有积极意义的。但墨子不明了社会治乱的根源，提出不分“王公大人”与“万民”的阶级差别都要“兼爱”、“同利”的主张，只是一种善良幻想。

孔子、墨子之学，是战国时期以私人讲学形式出现的显学。他们的弟子多，影响大。《韩非子·显学》说：“世之显学，儒墨也。儒之所至，孔丘也。墨之所至，墨翟也”，“孔墨之后，儒分为八，墨离为三，取舍相反，不同，而皆自谓真墨”。表明战国时期儒墨传授之盛及其在发展过程中的分化。

农、工、商、水利大兴的“技术主义”时代

无论春秋霸主还是战国七雄，都把提高国力视为第一任务，使这一时期出现了中国科技发展史上的一个高峰。尽管当时的中国思想界呈现出百家争鸣，但对以农“固本”的认识却惊人的一致。与之相伴，冶金手工业，商业、交通业、水利灌溉业，天文、历法、医学医术……百业之兴，科技之盛，使一派“战天斗地”的气象从黄河流域辐射到四面八方，有学者甚至将之称为“技术主义”时代。

都江堰创建于公元前251年

古代中国是典型的农耕文明，经过夏、商、西周三代的草创，到春秋战国年间，无论春秋霸主，还是战国七雄，都把提高国力视为第一位任务，使春秋战国出现了中国科技发展上的一个高峰期。有学者甚至将之称为“技术主义”时代。在这个“技术主义”时代，农业和手工业生产进一步发展，商业也随着广大区域内水陆交通网络的形成，呈现出一派繁荣的景象，“天下熙熙，皆为利来；天下攘攘，皆为利往”。水利方面，堤防修筑技术、农田灌溉方法、水利工程建设都有很大的进步，生动体现了早期的人水关系。总之，当时的中国大地上处处呈现一派“战天斗地”的气象，并从黄河流域辐射到四面八方。

人类“成功介入”自然的一个重大步骤，就是农业文明的诞生。春秋战国时期，农业文明的典型代表——小农经济逐渐成为中原各诸侯国的立国基础，保护和发展小农经济成为第一位的政治使命，“以农为本”成为中国封建社会长期可持续发展的指导思想。尽管当时中国的思想界，呈现出百家争鸣的局面，但对于农业的认识却惊人的一致。墨子说：“以时生财，固本而用财，则财足。”“固本”的“本”，就是指“以时生财”的农业。战国初期，法家李悝在魏国变法，“尽地力之教”，以富国强兵，就是一种以农为本业的政策。战国中期，法家商鞅在秦国变法，明确提出奖励耕战、崇本抑末的主张。这里的“末”当指工艺商贸。这一派法家编著的《商君书》，充分发展了农本理论。战国晚期，儒家荀子提出 “人定胜天”的见解，积极主张“强本节用”，认为只要致力农业生产，节约开支，就能使国家积累起无穷的财富。战国末年的农家，和法家一样，反对 “民舍本而事末”。而阴阳五行家在所总结的《礼记 · 月令》当中，则对各种保障林业、渔业、畜牧、狩猎等生产有着非常详细的论说。

战国时代的农业开创了中国农业的精耕细作传统，从事研究农业技术的科学——所谓农家之学兴起。讲究农家之学的专门著作有《神农》二十篇和《野老》十篇。农家之学不是单讲农业生产技术，还开始把农业科学知识系统化和理论化，用阴阳学说作为农业科学的理论依据，具有朴素唯物论的色彩。

金银错青铜牛、青铜犀（战国）

这时的手工业如冶金、木工、煮盐等，也都有长足的进步。工、商、士、农并列为“四民”，良匠、良工受到普遍的尊重。冶金手工业中，人们已经认识到各种青铜器在冶铸时所需铜和锡配合的分量

铜牲立擎盘，1965年山西长治分水岭出土（战国）

和比例，也掌握了在铜器表面上镶嵌金银丝、构成文字或图案的称之谓“金银错”的技术。木工方面，除了斧、凿、锥等铁工具以外，还有画方形用的曲尺，画圆形用的圆规，弹直线用的绳，测量垂直线用的悬，测量水平线用的水，还发明了矫正木料曲直的工具。春秋时，齐国的海盐煮造业和晋国河东池盐煮造业都已兴盛。战国时齐燕两国的海盐煮造业更加发达，“齐有渠展之盐，燕有辽东之煮”。

随着手工业的发展，特别是官营手工业的发展，阐述各种手工业工艺制作的专门著作出现了。《考工记》可以说是工匠实用技术的专著。《考工记》中把天时、地气、材美和工巧，看做制成精工产品的四个条件，分别记述各种生产工具、兵器、交通工具、饮食用器、乐器以及各种建筑物的设计规范和制造工艺，是当时一部有关手工业制造的科学技术知识的汇编。这部著作不但在我国工程技术发展史上占有重要地位，其内容的丰富，某些部分叙述的完整性和科学性，在当时的世界上是找不到第二部的。

春秋战国间，随着农业和手工业生产的发展，社会分工的日益细密，商品经济的比重也一天天加大。虽然当时在舆论上将工艺商贸指为“末”业，但实际上人们并不真正把它轻视为“末业”。对山林薮泽的大量开发，四方的土特产已开始大量的交流，农民除了粮食、布匹、菜蔬以外，农具和若干实用物品都需要向市场购置。商人为了更多得到利润，自然就要奔走四方了。而这个时期交通工具的进步也为各国各地区间的商业往来提供了极大的便利。战国中期的造船技术、车辆制造技术更加进步。秦国为了解决从汉中到蜀地的交通困难，架起了栈道。公元前289年秦在河雍（即河阳，今河南孟县西，在黄河北岸）与孟津（黄河南岸）间已架设浮桥，这是历史上黄河上的第一座浮桥。从战国中期开始，黄河上常设浮桥，正是商业和交通重大发展的结果。同时，由于春秋时期吴国开凿沟通长江与淮河的运河邗沟和魏国兴修的沟通黄、淮两水的鸿沟等南北向的运河的开凿，南方和北方之间的水上交通也大有发展。中原地区的陆路交通，在魏、赵、齐等国之间有着许多交错的交通大道，当时通称为"午道 "。"午"就是一纵一横而交错的意思，"午道"是指许多条交错的交通大道 。战国中期以后，陆运或水运的物资数量已经很大了。

商人垄断市场的情况也正是在这个时期开始出现了。孟子曾作过这样的形容：在旷野的集市上，有商人登到横断的高岗上，即所谓"垄断"上，临高望远，左顾右盼，见利就网罗，这就是"垄断"一词的来历。不过，这种办法实际上网罗不到大利。富商大贾们网罗大利的主要方法，还是靠囤积居奇，掌握时机。战国晚期，投机的商人更为活跃，当时的巨富，其财富能和诸侯国国君的财富相比。所以时人有"用贫求富，农不如工，工不如商"之谚，做生意成为一种社会风气还曾出现了总结经商经验、创立有关商业政策学说的人。如春秋末年越王勾践的谋臣计然，他提出了预作储备、以待贫乏的贸易原则；魏惠王的相国白圭，讲究贸易致富理论，其原则是"人弃我取，人取我与"，简单说就是囤积居奇、贱买贵卖、巧取豪夺。从另一方面而言，针对商人的贱买贵卖，巧取豪夺，也促使当时的农家和法家提出了重农抑商的主张，从此，重农抑商成为中国历史的一个传统。

大型水利工程最能体现工艺技术的综合进步。春秋战国间，各国政府把水利的兴修作为国家公共职务，设有“司空”等官职来管理。

堤防的建筑起源很早，到春秋时代，黄河、济水等大河流旁已筑有部分堤防。战国时代堤防的建筑，比以前更普遍，工程比以前更完固。像“千丈之堤，以蝼蚁之穴溃”一类的话正是堤防建设的生动体现和经验之谈。当时七大国割据争雄的局面，难免使得堤防建设有“以邻为壑”的弊害，但堤防建设对于保障本国人的生命财产和发展农业生产，还是起了一定作用的。《管子·度地篇》就提出了比较全面的建筑堤防和养护堤防的方法，这可以说是齐国长期治理黄河的主要经验。

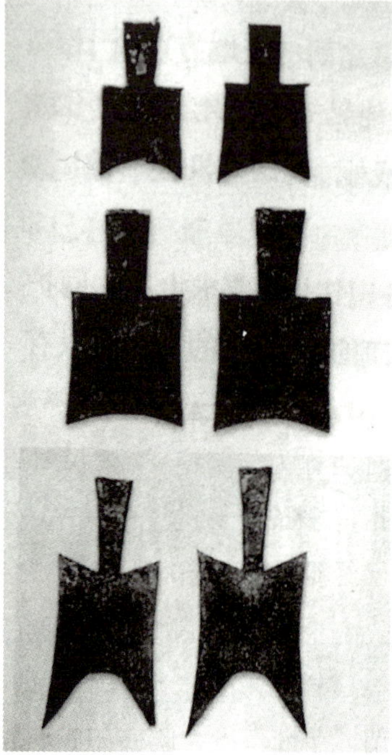

铜空首布，是中国古代最先得以广泛流通的金属货币（春秋）

春秋时期吴国开凿邗沟、魏国兴修的鸿沟和“引漳十二渠”等水利工程，构成了当时中原大规模的水道交通网。还有当时南方最著名的都江堰水利工程，2200多年以来一直保持有巨大的灌溉效益。秦国兴修的连通泾水、洛水位于关中的郑国渠，全长300多里，灌溉田亩4万余顷，从此关中沃野，常获丰收。当时，在大规模兴修水利中，人们创造了一些调节水利的方法。《考工记》中就曾经列举出当时农田大小沟渠不同的名目，有所谓浍、洫、遂、圳等。人们不仅知道修筑沟渠和堤防都必须依据地势，而且懂得采取一再改变水流方向的方法：用池塘来蓄水，用堤防来防泛滥，用沟来流通水，用遂来均匀各块田间的水，用圳来留住必要的水，用浍来泻去多余的水等，还懂得了利用附近原有的湖泊作为水库，在运河和湖泊的接连处，建设水门的方法，作堰的方法以及淤灌压碱。

战国时代，天文历法也有很大进步。这时出现了一些专门观测星辰运行的占星家，最著名的如齐国的甘德和魏国的石申。二人观测了金、木、水、火、土五个行星的运行，发现了这五个行星出没的规律。他们所测定的恒星记录，是世界上最早的恒星表。春秋晚期至战国时通行"四分历"法，一年为36514时，并且19年7闰（7个闰月），这是当时世界上最精确的历法之一。还有我国历法中的一项杰出创造，即关于24节气的划分，也大致是在战国时期完成的。

扁鹊，战国时医学家

在医学领域，出现了名医扁鹊。扁鹊是春秋战国之际的齐国人，精通各科医术。其实他本姓秦，名越人。因为他医术之高类似传说中黄帝时代的神医扁鹊，故被称为扁鹊。相传他路经虢国，虢国的太子已病死半日，扁鹊诊断他气息尚存，经抢救治疗，把太子从休克中救活，因此他被誉为有起死回生之术。他采用的望、闻、问、切四种诊断方法，一直被中医沿用至今。

战国时还发明了指南工具"司南"，用来辨别方向。这是世界上最早的指南工具，以后发展成为指南针。

第四章
“大一统”帝国从这里出发

历经夏商周的发展和春秋战国的争霸会盟，中国迎来了它的又一个历史性的转折。这个转折，是由当时谁也看不上的“僻居”渭水流域关中谷地的秦国来完成的。司马迁在《史记》一书中，对秦国如何实现这一历史的过程专门设立了《秦本纪》、《秦始皇本纪》两个本纪予以说明，表现了太史公把握历史进程的卓越史识。自秦统一六国以后，中国历史走上了绵延两千多年的封建中央集权的“大一统”之路。这条路充分显示了中国历史发展的特点，这条路为人类文明做出了不可磨灭的贡献。

从兵马俑看秦始皇

1974年3月29日，陕西临潼，掘井的村民一镢头下去，发现了早已被人忘却的秦始皇陵的一角。这一镢头，带给世界的是被称做“第八大奇迹”的兵马俑。这兵马俑，带给世界的是前所未见的2000多年前秦帝国的辉煌。这帝国的辉煌，让人无法不想到它的缔造者——秦始皇。这秦始皇，本来就是在中国历史上多有褒贬、令人寻思的人物，而兵马俑的发现，更加使他的生前身后成为人们长期关注的历史问题。

秦始皇出巡图

秦始皇，姓嬴，名政。生于公元前259年，死于公元前210年。13岁即王位，22岁行加冠礼亲临朝政，39岁称帝。

秦始皇是中国历史上的一代雄主。单说中国在公元前221年，那是基督尚未诞生前的两百年，秦就先后灭韩、魏、楚、燕、赵、齐六国，在黄河流域的黄土地上，建立了中国历史上第一个统一的多民族的专制主义中央集权制国家——秦朝，其疆域东临大海，西至陇西，南达南海，北到长城一带（内蒙古）以至辽东，如此辽阔的大国在世界上是独一无二的。统一后，秦始皇又行施了一系列巩固国家统一的措施，对后世产生了深远的影响。此后的中国，即以统一为正轨，为常情。纵使长期分裂，人心仍趋向统一。由此可以说秦始皇是中国历史长河转折点上的伟人。另一方面，秦朝的严法酷刑横征暴敛，特别是秦始皇的焚书坑儒，又给后人留下“暴君”、“专制魔王”的深刻印象。这褒贬之中，更突显了秦始皇在中国数千年的历史中，不同寻常又显赫醒目的地位。

后人已无法想象集中了天下财富的秦王朝有多么的富有堂皇，统领天下的秦王朝是多么的威权一世，中国的第一“始”皇帝有怎样的胸襟气魄。现在秦王陵与兵马俑的出土与发现，终于能让我们去领略一二，并不得不为之惊叹了。

1974年3月29日，就在这一天，陕西省临潼县西杨村村民杨志发、杨房信在掘井时意外地发现了大量陶俑残片、地砖与铜镞兵器。没人能料到的是，这项起初并不太经意的发现与随之而开始的考古工作，在半年后以惊人的发现震惊了全世界：这是一个秦代兵马俑坑，是秦始皇陵的陪葬坑。东西至少长203米，南北至少宽59米，不仅中国没有，在全世界也没有发现过这么大的陪葬坑。接着，在此坑北侧20米和25米处又先后发现了两处兵马俑坑，按照发现的时间，把它们分别定为一、二、三号坑。

兵马俑坑位于秦始皇陵园东侧1500米。秦始皇陵南依层峦叠嶂的骊山，林木葱郁，北临逶迤如银链的渭水。封冢在峰峦环抱之中与骊山融为一体，规模宏大，气势雄伟。陵墓周长有1250米，陵上封土原高约115米，历经两千多年的风雨，高大的封土已降至现在的76米。陵园有内外两重城垣，内外城廓原来的城墙，今尚残留。墓葬区在南，寝殿和便殿建筑群在北。陵园总面积达56.25平方公里，相当于78个故宫。

20世纪70年代之前，所有关于秦始皇陵的推测只是停留在文献记载与传闻之上。《三辅故事》说楚霸王项羽入关，曾以30万人盗掘秦陵。当时，一只金雁自墓中飞出，一直朝南飞去。四百多年后，三国时期有人将金雁送给一个名叫张善的官吏，他认定金雁来自始皇陵。这类神奇的传说给秦始皇陵蒙上了一层神秘的色彩。直到兵马俑被发现之后，真实的秦始皇陵才逐渐为世人所知。

震惊世界的兵马俑坑被誉为“世界第八大奇迹”。3座俑坑呈“品”字形排列。考古证实，坑内有陶俑、陶马8000多件，还有4万多件青铜兵器。

在一号坑中已发掘出武士俑500余件，战车6乘，驾车马24匹，还有大量的青铜兵器和铁器。俑坑东端有210个与人等高的陶武士俑，排成三列横队，每列70人。他们个个栩栩如生，形态逼真，面部神态、服式、发型各不相同。从脸上的表情，还可以看出各人的年龄、性格、心情。有的面目紧张，有的轻松微笑，有的坚毅刚烈，其中除3个领队身着铠甲外，其余均穿短褐，腿扎裹腿，免盔束发，挽弓挎箭，手执弩机，似待命出发的前锋部队。其后，是6000个铠甲俑组成的主体部队，个个手执兵器，同驷马战车间隔在11条东西向的过洞里，排成38路纵队。南北两侧和两端，各有一列武士俑，似为卫队，以防侧尾受袭。这支队伍阵容齐整，装备完备，威风凛凛，气壮山河，既是秦始皇当年浩荡大军的威武再现，又具有强烈的艺术感染力。兵俑出土的时候都是彩色的，使雄壮威武之中多了些绚丽华美。

一号坑军阵的列队情况

二号坑位于一号坑的东北侧，总面积约为6000平方米。坑内建筑与一号坑相同，但布阵更为复杂，兵种更为齐全，是3个坑中最为壮观的军阵，应是对阵的中坚力量。据初步推算，二号坑有陶俑陶马1300多件，战车80余辆，青铜兵器数万件，其中将军俑、鞍马俑、跪姿射俑为首次发现。

二号铜车马御手俑

三号坑位于一号坑西端25米处，面积约为520平方米，呈凹字形，内有武士俑69个，门前有一乘战车。从3号坑的布局看，似为总指挥部，统帅左、右、中三军，只是没有全部建成而已。

陶俑头像

从秦俑坑出土兵器的刻记年号看，兵马俑从葬坑是秦始皇统一中国前后修建的。秦始皇凭借他“挥剑决浮云”、“大略驾群力”的能力，灭六国，统天下。兵马俑反映了秦王朝兵强马壮、叱咤风云的气势，显现了秦始皇对他天下归一盖世武功的炫耀溢美之情。

秦始皇统一六国并在秦立秦朝后，为巩固统一采取了一系列措施：废除分封制、改用郡县制，统一法律、度量衡，统一货币、文字、车轨，修筑驰道以备天子驰车走马，命大将军蒙恬修建万里长

三号坑全景图

城等，不能不说都表现了秦始皇的雄才大略，也是秦始皇顺应了历史潮流。孕育中国文化的黄河流域，在春秋战国时期，一方面面临着人口的增加，农业技术的进步，商业的兴起，游士之兴与思想文化的繁荣，另一方面又不时面临着“天灾流行”、“蝗蔽天下”、“凶年饥岁”、“途有饿莩”等危机。诸侯之间为粮、地之争战事不断，甚至“以邻为壑”。战国期间公元前332年，赵国与齐魏作战就曾将黄河河堤决溃浸淹对方。资源的均衡，治水的大事仰赖一个统一的中央集权会更有利。秦始皇在统一六国后，就曾自称“决通川防”以颂秦德，并曾改名黄河为“德水”，称秦为“水德之始”；又称自己的功劳为“堕坏城郭”和“夷去险阻”，也就是全国对内不设防，食粮全部流通，实现“赈救黔首（老百姓），周定四级”。西汉著名政论家贾谊说：“秦灭周祀，经海内，兼诸侯，南面称帝，以四海养。天下之士，斐然向风。”西汉中期的严安也说：秦灭六国之后，“元元黎民得免于战国，逢明天子，人人自以为更生”。这些说法道出了秦初并天下之后政治上顺应民心的时代特点。

秦始皇建立秦朝后，就自认为“德兼三皇，功过五帝”，甚至连“三皇”中地位最尊贵的“泰皇”也看不上眼，便从两个名称中各取一个字，自称“皇帝”，因为是第一代皇帝就称“始皇帝”。显然，他想二世、三世……把“万世帝业”一代代传下去。然而，秦朝并没有像秦始皇期望的那样保住万世帝业，反而是短命的，从公元前221

年建立秦朝，到公元前206年刘邦攻入咸阳，秦灭亡，仅有15年的时间。秦王朝如此迅速的灭亡是秦始皇始料不及的。秦始皇统一中国后，10年之间五次出巡，既为宣扬威德，镇抚人民，观风整俗，也为寻求神仙，希图长生不老。连年出巡的车马仪仗，劳民伤财不可胜计。以第二次出巡一事为例，当他渡过长江至湘山时（今洞庭湖中的君山），偶遇大风，就以为是湘山之神捣乱，派刑徒3000人，砍光湘山树木，以示惩罚。秦始皇无限制的调集民力，大兴土木，推行暴政，使广大民众处于“男子力耕不足粮饷，女子纺绩不足衣服”的境况。有学者统计，秦时人口大约2000万，而每年服役的人口竟不下300万。派蒙恬北伐匈奴和修筑长城使用30余万人，南戍五岭使用50万人。他不仅为自己身后大修陵墓，旷日十年之久，还为生前的穷奢极欲，仿各国宫殿兴建离宫别馆，大小殿堂700余所。在公元前212年，下令在渭河以南的上林苑（今陕西西安西北三桥镇南）营建庞大的阿房宫，其劳民、伤财之巨，到秦始皇死时，宫殿都没有落成。秦二世胡亥继位后接着续建，但不久项羽入关放火烧焚，大火一连烧了三个月，尚不熄灭，直至它化为灰烬。尽管也有考古工作者对阿房宫是否被焚提出质疑，但秦始皇在位大兴土木穷奢极欲是不争的事实。

阿房宫前殿遗址

秦始皇和二世胡亥迷信法家，轻罪重罚，滥用酷刑。仅死罪便有腰斩、车裂、戮尸、枭首、烹、绞等刑，更有夷三族、连坐之法，刑徒之多骇人听闻。就连最早为秦国行变法定法制的商鞅，为建立统一政权立过大功的蒙恬、李

斯、韩非等都难免在秦国一死。臭名昭著的焚书坑儒，以“道古而害今”为名，把不是秦国历史的、私家收藏的书籍一律烧掉，对不满焚书和不满秦始皇遣方士求神仙和不死药的读书人，以“妖言以乱黔首”为名，查捕460人活活坑杀于咸阳。焚书、坑儒，既毁灭了秦以前长期积累起来的文化财富；又杀害了众多精神财富的创造者。

秦始皇的长生不老与万世帝业都最终成为泡影。秦始皇虽然为自己修筑了如此震世惊天的陵墓，但最终连他的遗体是否完好都是一个问题。按说，20世纪70年代，长沙马王堆汉墓女尸的尸骨保存之完好是举世罕有。秦始皇的遗体呢？单从遗体保护技术而言，秦代应该具备了保护遗体所必须的防腐技术。然而，关键是秦始皇死在他最后一次出巡途中，而且更糟的是正值酷暑时节，不久其遗体就散发出了熏人的尸臭。为了防止尸臭走漏消息，赵高、胡亥将鲍鱼与秦始皇的遗体放在一起，以迷惑众人。随后，又经过50余天的长途跋涉，到九月，遗体才回到咸阳。遗体保护必须在人死后就着手处理，这样看来，秦始皇的遗体保存完好的可能性是很小的了。

秦始皇兵马俑群作为昔日秦王朝强大国力和军威的象征保存了下来。从这里我们可以略窥到当初秦军挥师布阵的浩浩场面。秦始皇兵马俑群更作为一项伟大的文化遗存保存了下来，它集中体现了我国古代劳动人民高超的烧陶技巧和智慧。1961年，中华人民共和国国务院将秦始皇陵定为全国文物重点保护单位。1987年，秦始皇陵及兵马俑坑被联合国教科文组织列入世界遗产名录。

车同轨、书同文，百世都行秦政治

秦自商鞅变法图强以来，经过一百多年的持续努力，到公元前221年，便统一了六国，诸侯割据称雄的封建国家结束，专制主义的中央集权的汉族统一国家开始了。“这是古代历史上特殊的伟大事件。自秦朝起，中国形成了一个以汉族为主体的统一的大国，不管豪强公开割据或外族侵人建立政权，最后总是还原为汉族作主体的统一国家”。范文澜先生的这段话，精辟地指出了秦朝建立的伟大历史意义及其深远历史影响。秦人横扫东方六国囊括九州后，踌躇满志，刻意地以大手笔描绘大文章。

秦统治时期的中国城镇(左)
秦始皇像（公元前259～前210年）(右)

为了适应新的形势发展与变化，秦始皇在帝位的短短12年里，创建了一系列巩固统一的重大措施，奠定了此后两千多年持久统一的封建体制的政治和社会基础。

建立中央集权制度。概括地说，就是全国的大权集中在中央政府，中央政府直接控制着每个地方政府，而中央政府的权力集中于皇帝一人。皇帝自称为“朕”，表示至尊无二。政事不论大小，全由皇帝一人裁决。秦始皇规定一天看章奏(竹简)120斤，约合今60市斤，不看完不休息。皇帝以下在中央官制中首先设立三个最高级别的官员，即丞相、太尉和御史大夫，称三公。丞相是最高的文官，为百官之长，辅佐皇帝处理国政，有左、右之分，以右为上。御史大夫辅佐丞相。太尉是最高的武官，掌全国军事。三公以下的中央高级官员是卿，最重要的有九卿，分别掌管宗庙祭祀、宫殿门户、刑法、财政税收等。九卿之外，还设有专事土木建筑工程、京师治安等方面的官职。地方上，彻底废除分封制，实行郡县制，分天下为36郡。终秦一代，前后可能置过48郡。每郡统辖若干县，县以下是乡，乡以下是什、伍。秦始皇首创封建朝廷，实行郡县制，建构了从朝廷到地方，从三公诸卿到乡里什伍的一套庞大的、多梯级的统治机构。掌管这部机器各个部分的人是流动不定的大小官吏，而不是世袭固定的贵族。封建皇帝高踞其上，而劳动群众则匍匐其下。

在经济上秦始皇以“车同轨”、统一货币与度量衡、确定土地个人私有制度以促进共同的经济发展。

商鞅方升。此为商鞅统一秦国度量所规定的一升容积的标准量具

秦始皇为加强对全国各地的控制，大举修驰道。以秦京咸阳为中心，

全国共修7条大道，最长的达900公里。道宽五十步(六尺为步)，用铁椎筑土，坚实平坦。驰道中央宽三丈，供皇帝专用，专路两旁人民可自由行走。修驰道的同时，还统一车轨，划一车辆大小，规定车宽6尺，一车可通行全国，史称“车同轨”。在开辟陆路交通的同时，秦始皇还着力于通水路。战国时期各国所筑堤防已阻塞水道，秦始皇决通堤防，疏浚鸿沟(河南汴河，今湮)，作为水路中心，通济、汝、淮、泗等水。在吴、楚、齐、蜀等地，也大兴水利工程，行船和灌溉。特别是开凿灵渠，这是一条连接湘江与漓江的人工渠道。灵渠分湘入漓，北水南调，不仅沟通长江水系和珠江水系，形成了更为合理的生态环境，而且开拓了南北水运通道，扩大了我国内河航行范围，并为中原地区与岭南的经济文化交流和贸易往来，提供了有利条件。灵渠的兴修，是秦代南北劳动人民智慧的结晶。后经汉、唐、宋、明相继修筑，航路和农田灌溉愈益完善。

秦统一后，还把战国时各国利用险要地形所筑城郭和齐、韩、楚、魏交界处已有的长城巨堑，一一平毁，减少了割据称雄的凭借。

陕西古杨村秦驰道遗迹

秦始皇按秦国制度统一全国度量衡。公元前221年，颁布统一度量衡诏书，凡制造度量衡器，都得刻上40字的诏书，由官府遵照诏书负责监制，不许民间私造。针对战国时币制的紊乱，秦规定货币为两等：黄金称上币，以镒为单位(20两为镒)；铜钱称下币，以半两为单位。战国时田亩大小不同，秦规定240方步为一亩，后世一直沿用秦亩制不改。公元前216年，秦始皇颁令，让百姓自报田地数目，按亩纳税。这就使土地个人私有制以法律的形式确定了下来。

在文化方面，秦始皇推行共同的文字，这就是“书同文”。周朝文字笔画繁重，称为大篆。战国时东方齐鲁地方文化发达，通行一种比较省便的字体，汉朝人称为古文。秦始皇命李斯订定文字，依据大篆古文，把笔画力求简化，称为秦篆，或小篆，以此作为标准文字，通用于公文法令。传说狱吏程邈，犯罪拘禁狱中，他造了一种笔画更省便的文字，叫做隶书。隶书字体方形，便于书写，在民间得以流行。各地区方音不同，有了统一的文字，减少了方音不同的困难，在大规模的移民中，也减轻了方音的局限性。秦始皇初灭六国，便迁徙天下豪富12万户到咸阳、巴蜀等地移民。这样既减小了豪富们原在本地的威势，也使当地贫民分得一些田宅而获得暂时的喘息。将军蒙恬率大军30万人击败匈奴，取得内蒙古河套及甘肃省黄河以南地方。一些内地汉人被迁徙过去，把汉族先进的文化和生产技术带到这些地区，牧地变为耕地，拓展了北方的疆土。与些同时，又征发犯人及小商贾等到南方，还有发50万人守五岭，与土著杂居，汉族文化技术传入南方，岭南开始成为中国的领土。秦朝大移民，在传播文化、发展生产上，都起了积极作用。

“行同伦”，促进共同文化上的共同心理状态。

在汉族文化地区，代表人们共同心理状态的，主要是适应家族制度的孔孟正统派儒家学说。秦始皇的思想中既受阴阳家、纵横家、神仙学家等各家的影响，也与儒家荀子学派相通。荀子学说仍着重王道礼义，但往往以法、礼并提，甚至把法看得更高。秦始皇更看重韩非、李斯等人变重礼为重法，不崇尚正统儒学所讲的仁恩。在荀派儒学和法家刑名之学的思想基础上，秦朝促进了全国范围内“行同伦”，促进共同文化上的共同心理状态。但是，荀派儒学特别是法家刑名之学与孔孟正统派儒家学说相比，过于霸道和强暴。治国还是要行仁政，后来荀学和刑名之学不得不逐渐服从于正统儒学。

秦朝疆域东至海，南至南海，从西北的临洮，大体循秦、赵、燕旧长城至东北辽东止，筑长城万余里，防备匈奴等游牧族南下。在这辽阔的疆域里，形成为一个统一的多民族的大国，这在中国史和世界史上都具有巨大而深远的意义。秦皇朝名播遐迩，所以“秦人”很早就成了中国的代称。古印度的梵文称中国为“支那”，今天的欧洲人仍称中国为China。秦始皇所作的这些事情，都有利于统一国家的形成，秦以后的中国就在这个基础上逐渐发展壮大起来。

万里长城

天汉风流与丝绸之路

公元前206年秦灭汉兴，从建都长安的西汉到建都洛阳的东汉，两汉前后延续420多年，使继秦建立统一帝国之后，大一统帝国和社会生产力得以进一步发展。特别是西汉时期的汉武帝，作为一位具有雄才大略的国君，更使汉朝达到极盛，成为当时世界上最强大的国家。而丝绸之路的辉煌，正是汉武帝外交眼光与卓越雄才的产物之一。

丝绸之路的开拓者——张骞

公元前206年，刘邦灭秦，后又打败项羽，在公元前202年称帝，建立汉朝，称刘邦为汉高祖，建都长安（今陕西西安）；与刘秀于公元25年重建汉朝建都洛阳相别，分称西汉和东汉。

西汉统治中国210年，历经12帝。其间，经过汉高祖及文、景二帝的休养生息政策，国力已很强大。到汉武帝时，更使汉朝达到极盛，成为当时世界上最强大的国家。

汉武帝是一位具有战略和外交设计眼光、具有超越历史的雄才大略的国君，他的业绩和作为，深深地熔铸进了我们民族的历史和传统之中。汉族之名，即来源于他以银河命名的一个年号——“天汉”。汉帝国影响力所辐射的范围，由咸海、葱岭（帕米尔高原）、兴都库什山脉直到朝鲜半岛；由贝加尔湖到印度支那，扩展成了汉文化影响所覆盖的一个大文化圈。而丝绸之路即是其雄才远略的产物之一。

汉武帝

所谓“丝绸之路”，最初是指从我国古代的长安出发往西经过帕米尔高原一直通往古罗马帝国边境的沟通亚欧非的陆上通道。19世纪末，德国地理学家李希德·霍分在中国的甘肃省和新疆考察时，看到东来的商队，突然意识到这不正是历史上运送丝织品的通道吗？随后，在其所著《中国》一书中首次将之命名为“丝绸之路”。后来，丝绸之路便成了古代东西方贸易和文化交流的泛称。一般来说，丝绸之路有海上、陆地两条：将穿越亚欧大陆北部草原的交通路线叫做“草原丝绸之路”，将从中国南海到印度洋、波斯湾、红海的海上交通路线叫做“海上丝绸之路”。后来中国的陶瓷大都经“海上丝绸

黑城，"古草原丝绸之路"上现存最完整的一座古城，曾是西汉、西夏、元朝时期重要的军政驻地

之路"外销。我们这里谈的着重是陆地丝绸之路。

中西的经济、文化交流，早在远古时代即已断续、辗转进行着。位于丝路中央位置的帕米尔高原西侧，是久负盛名的蓝宝石产地，这里所产的宝石在很久以前就被运往地中海沿岸。此外，在帕米尔高原东侧的塔里木盆地西南的和田，以出产玉石而闻名，中国自古以来都以此处所产玉石为上乘之品而极为重视。因此，丝路开通以前，以帕米尔高原为中心至西亚诸国"蓝宝石之路"和通往中国内地的"玉石之路"就已经开通了。

中外经济文化的交往，尽管比我们所能想象得要久远，但直到两汉的雄起，这种交流才步入辉煌，形成定制，影响至今。

汉武帝在位的54年间，有效地应对了匈奴对中原的侵扰，奠定了中华民族从南到北、从东到西的广大疆域；实行崇儒政策，"罢黜百家，独尊儒术"，确立了儒学在我国政治、思想界的统治地位，开始了儒学文化对中国数千年的深刻影响。同时创立了一套儒术同法制堪称完美结合的政治体制，进一步完善了君主专制集权制度，使其成为此后二千年中华帝国制度的范式。汉武帝更以其远大的外交战略，成为中国历史上第一位具有世界眼光的帝王。其目光从16岁即位之初，就已经超越了长城屏障以内的有限区域，而广阔的西域正是其穿越历史的战略目标之一。

帕米尔高原，古称葱岭，是通往西域之路上的险峻要地，张骞曾在此留下足迹

汉代的西域，有广义与狭义两种概念。狭义指天山以北、帕米尔高原以东；广义所指除上述地区外，还包括帕米尔高原以西的整个世界。秦汉之际，是匈奴最强盛的时候。公元前3世纪，游牧于蒙古高原一带的匈奴吞并了周围部落，并向东扩张，来到中国。秦始皇为了防止匈奴的侵扰，修筑了万里长城。这时，匈奴则击败了游牧于甘肃河西一带的大月氏，并将其赶至中亚阿姆河一带，控制了以蒙古高原为中心，东至辽东半岛，西至塔里木盆地36国在内的广大地区。西汉初年，匈奴马队不断侵扰今河北、山东及河套一带，给西汉王朝莫大的威胁。汉高祖刘邦曾领兵30万亲征，想一举解决匈奴的问题，结果被围困在平城白登山（今山西大同东南），幸得陈平施美人计才得救。此后，汉朝对匈奴采取和亲政策，赠送物品，下嫁了王女。汉武帝即位后，汉朝国内安定，国力强盛，汉武帝开始采取积极的对外政策，准备讨伐匈奴，并想同西方的大国、匈奴的

仇敌——大月氏结成联盟。公元前138年，张骞与匈奴出身的甘父带着百十来人从长安出发，出使西域，实施这一使命。但他们在出了汉朝疆域后，不久便被匈奴俘获。张骞被迫娶匈奴女子为妻，流放于漠北草原十几年，并有了自己的孩子，不过，他一直没有忘记自己作为汉使的使命。终于，他找到机会逃离，到达了已迁移至阿姆河流域复国定居的大月氏，但大月氏却满足于这块水草丰美的地方，不愿复什么君父之仇了。张骞在大月氏待了一年多，只好踏上归途，途中又被匈奴捉住。这回很幸运，一年以后匈奴发生内乱，张骞乘机逃脱，在公元前126年，终于返回了长安。张骞前后13年的艰辛出使生涯，虽然没有达到联盟大月氏的目的，但张骞带回来许多有关西域的各种前所未有的情况，激荡起了汉武帝强烈的好奇心和雄心，引发了对西域的极度重视。

公元前119年，在击败匈奴取得河西地，掌握了通西域的要道之后，汉武帝再派张骞出使西域，抵达乌孙（今哈萨克斯坦东部）。随行的副使们还访问了大月氏（今阿姆河与锡尔河之区）、大夏（今阿富汗东北部）、安息（今伊朗等地）、身毒（今印度）等国。张骞一行为开辟通商做出了重大贡献。现在，我们常见的葡萄、苜蓿、胡麻、黄瓜、胡椒、胡桃等，据说都是张骞带回来的。此外，还有地毯、毛织物、蓝宝石、宝石、金银器、玻璃制品、珍珠、土耳其石，以及罗马、波斯的银币等。后来，公元

张骞故里——位于陕西省西南部的城固县

前后佛教的东来，也经由这条商路。同时，中国的丝织品、瓷器、漆器等也传到了西方。

开通商路之外更大的收获是，西汉在西域地区设置了西域督护府，其势力范围几乎包括了中亚全部。西汉末年，北匈奴乘中原战乱，再拢西域，丝绸之路中断了60年。继起的东汉，班超、班勇父子两人重新夺回了一度被匈奴所占据的西域，重新设置了西域督护府。班超巧妙地运用外交和武力手段，使50多个邦国服属。这样，丝路上的交通与贸易又繁荣起来。公元97年，班超派遣部下甘英出使大秦（罗马帝国），甘英一时畏难，没能与罗马直接接触，丧失创造更辉煌的历史的机会，不过，这次出使却是中国人首次到达地中海东岸，带回了大量关于中亚、印度、西亚、罗马等地的情报。公元166年，大秦王（罗马皇帝）安东尼的使者先由海路再经陆路辗转来到东汉的朝堂，向汉桓帝赠送象牙、犀牛、玳瑁等礼品。从罗马辖地亚历山大到中国南方的海上贸易从此进入了极盛时期。那时，中国的丝绸也源源不断地输入罗马。罗马的贵族们竟相穿着中国的丝绸，罗马城内的丝绸价格昂贵得与黄金相当。

东汉末，中国一分为三，进入魏晋南北朝时代，由于中国内地正在进行着更深层次上的经济文化的创造和民族的融合，与西域的联系暂时削弱了。

公元618年，唐王朝建立，这是中国历史上继汉以来的又一个强大而统一的封建帝国。此时，漠北高原的主人已经换成了游牧民族突厥。像汉朝一样，唐朝在国力强盛以后击溃了突厥，使其土崩瓦解融入中原，东西方的贸易比汉代更加繁荣。“炎汉盛唐”时代的中西文化交流，成为中外文化交流史上最辉煌壮丽的篇章之一。

唐朝的丝绸之路上，有过许多突出的事件，如玄奘取经，玄奘

张骞回京

的西行故事，成为后来《西游记》的蓝本。唐代还有一件不能忘却的事情——造纸术的传播。唐朝对西来的文化也十分宽容，在长安建有基督教、景教、伊斯兰教的寺院，宫廷中也使用被叫做色国人的西方人才。据说倍受唐玄宗、杨贵妃宠爱的安禄山就是有波斯血统的混血儿。

古代的西域，特别是天山以南，塔里木盆地缘边各绿洲，是一个多民族、多语言、不同部族聚居的地方。西汉时这里有36国，至东汉更分为55国。多种文化的融合交流正是西域文化的特点。后来代替突厥而取得蒙古高原支配权的是回鹘族。公元840年，回鹘在征服了东土耳其斯坦之后，控制了许多城邦国家，此后逐渐地放弃了游牧生活，在绿洲定居下来。现在生活在绿洲上的维吾尔族人便是他们的后裔。唐朝平息安史之乱，就得到了回鹘人的支持，唐朝与回鹘的和睦，保障了西域的安全。

公元907年，唐朝灭亡后，中国通往西方的这条丝路几乎被废弃。直到成吉思汗率领蒙古骑兵征服北亚之后的13世纪，丝绸之路才再度得以畅通。在蒙古铁骑势如破竹的进攻下，西征到达德国和波兰，从而形成了包括中国西域、伊朗、俄罗斯在内的空前的大帝国。成吉思汗的子孙忽必烈在中国建立了元朝，任用波斯人和维吾尔人作官，此时威尼斯商人马克·波罗经西域南道到达元朝都城——大都（北京），回国后写下了著名的《东方见闻录》。

从西汉到东汉，丝绸之路的起点从长安延长到洛阳，在漫长的历史时期，经魏晋南北朝及至隋末唐初，长安、洛阳先后作为丝绸之路的起点、京都与重城，使黄河文化得以广泛传播，同时在深厚的中华文化之中又不断注入异域文化的活力，具有了享誉世界的繁华与昌盛。巴基斯坦著名历史学家达尼教授在对丝绸之路进行了大规模的科学考察之后指出："历来讲世界历史主要讲西方文明，这是不公正、不完整的。东方有过很发达的古代文明，只要看看丝绸之路，给西方带来了什么就可以知道，丝绸、纸张、瓷器、火药等都是从东方传过去的"，"丝绸之路正起着东西方经济、文化交流的桥梁作用。"

秦汉之农耕、手工业和中医术

秦汉时期，社会生产力空前发展：农耕及水利灌溉技术的进步，代田法、区田法的推广；手工业冶炼铸造和纺织技艺的高超与蔡伦造纸术的远播；天文、历法学的进步与张衡浑象、地动仪的创造；华佗、张仲景名医、名家的涌现和中医学中四诊八纲辨证施治理论原创的奠定等，都一一突显了秦汉——这中国历史上第一次出现的真正大统一的时代对后世绵延、深刻的影响。

秦代铜马车

秦汉时期（公元前221～220年），是中国历史上第一次出现真正大统一的时代，随着社会生产力的发展，农业、水利、科技、手工业都有了显著的进步。

汉代，铁犁的改进、牛耕的普及、龙骨水车的出现和使用，特别是关中农民创造的代田法、区田法的推广，集中体现了汉代黄河流域耕作技术的进步。“代田法”的耕作方法，就是挖土开沟堆垄，播籽入沟，等到苗长起来，在中耕除草时，培垄土和草入沟壅苗。次年耕作时，则在原来的垄处挖沟，以原来的沟处堆垄，如此轮换利用，以恢复地力。由于这种耕作方法，十分适宜在干旱、半干旱地区使用，故在当时很快在今陕西、甘肃、山西、河南等地推广开来。西汉后期，在代田法的基础上，又发展了“区田法”。这是一种园田化的集约耕作法，深耕、密植、集中使用水肥。这种集约经营、精耕细作、少种多收的科学耕作技术，即使在当今农业现代化的进程中，也仍不失其科学意义。与农业生产的日趋发达相辅相成，水利灌溉工程也得以快速发展，汉武帝元光六年（公元前129年）在关中平原兴修的引洛、引渭灌渠；宁夏平原黄河东岸兴修的秦渠、汉渠，西岸的汉延渠、光禄渠，以及山东地区等开辟的引水灌溉工程，对黄河中下游的农业生产，都产生了重大作用。

西汉朱雀灯，灯盘内分格，可同时点燃3支灯

在农业发展的基础上，秦汉的手工业也有很突出的成就。

从现已出土的秦陵铜马车，西汉长信宫灯、金缕玉衣，汉代画像石织机图案，以及众多的汉代丝织品实物，都可以看到秦汉时期手工业冶炼铸造技术与纺织技术的进步发展与高超技艺。秦陵铜马车，不仅是中国迄今发现的年代最早、形制最大、结构最完整的铜质车、人、马，而且其造型别致独特，铜车上的圆形篷盖似一龟壳，寓意吉祥长寿，与四方形的车底相配，构成上圆下方的车身，正符合了中国古代“天圆地方”的寓意。而西汉长信宫灯以及朱雀灯等多姿多彩的灯具，则正是反映那个时代高超技艺的结晶。它一改以往青铜器皿的神秘厚重，显现出舒展自如、轻巧美观的姿态，而且非常实用。汉代灯具的质地，除了青铜灯、陶灯外，还有铁灯、玉灯、石灯等。

在科学技术方面，最具影响的莫过于蔡伦的造纸术和张衡的浑象与地动仪。东汉宦官蔡伦改进前人使用的笨重竹简和昂贵帛书，吸纳并改造了西汉已有的麻纸等造纸经验，发明了新的造纸术，造出了洁白、细腻的便于写字用的“蔡侯纸”，造纸术从此广为天下所知。大约在唐朝的时候，造纸术通过西域传往欧洲，作为中国四大发明之一，传遍世界。秦汉以来天文学家制造了许多天文仪器，而最杰出的要算东汉科学家张衡。他先制造了一个叫浑象的天文仪器，用以观测星象，确定节气，了解其他天文现象。接着，张衡又发明了观测地震用的地动

蔡伦像

仪，这是世界上第一架记录地震的仪器，欧洲在1880年才制造出类似的仪器，比张衡晚了1700多年。

天文学的发展，推动了历法的进步。西汉武帝时的《太初历》，东汉初年的《四分历》，东汉晚期的《乾象历》等，为日后对历法的修订奠定了基础。直到唐代《大衍历》的颁行，标志着以黄河流域为中心的中国历法体系的完善和发

东汉科学家张衡

张衡发明的地动仪模型，根据《后汉书·张衡传》和参考考古材料复原制作

展，成为中国传统文化中的重要内容之一。

谈秦汉之兴，不能不谈秦汉时期的医术、医学。在黄河流域先后涌现的众多医学名家和名著中，最具影响力的应有东汉的著名良医华佗和张仲景。如今，在一些城镇的中医名家和药医店铺的堂前、门楣上，还不时能看见"如华佗再生"的锦旗和"张仲景大药房"的商号标记。中医学文化，本就是黄河流域传统文化的又一个杰出代表。它开始于炎黄，形成于秦汉。我国最早的一部医书《黄帝内经》就出现于这个时期，经众人之手写完于西汉之时。

华佗望断图

华佗字元化，沛国谯县（今安徽亳县）人。他擅长内、外、妇、儿、针灸各科，尤其精于外科。他首创"开腹术"，被后代医学誉为"外科鼻祖"。凡是针、药不能治愈的病，华佗便采用外科手术进行治疗。他发明的作为外科手术的止痛麻醉药"麻沸散"，是医学史上的一大创举，也是他在世界医学史上的一个伟大贡献，比欧洲人发明的麻药早了1600多年。华佗还创造了一套健身术，叫"五禽之戏"，就是模仿虎、熊、鹿、猿、鸟等5种禽兽的动作和姿态，以达到锻炼身体、除病健身的功效。可惜的是华佗最后死于曹操之手。曹操素患偏头痛，请来华佗治病。华佗的针灸治好了曹操的病，曹操高兴之余想把他留下来，专为自己治病。但华佗既厌恶官府里的那一套，又乐意到各地行医为人看病，华佗找借口逃回家去了。曹操大怒，派人抓华佗进了监牢，并于建安十三年（208 年）判处死刑。

东汉和华佗同时期的另一名良医就是张仲景。张仲景，名机，南阳郡涅阳县（今河南邓县东北）人。张仲景以擅长内科出名，尤其对伤寒病最有研究。汉献帝建安年间，他的家乡瘟疫流行，病死的众多人中，以死于伤寒病的人为最多。张仲景博览群书，到处走访，广采众医药方，研究医治伤寒的医术妙方，撰写了《伤寒杂病论》16卷，书中最突出的贡献是对辨证施治的论述。他以春秋战国时期就已发明了的望、闻、问、切四诊法为基础，把病症分为阴、阳、表、里、虚、实、寒、热八类，即“八纲”，根据不同人的病情用不同的方法治疗。这一四诊八纲辨证施治的理论原则，成为中医学的核心思想，奠定了中医治疗学的基础与原则，后人因此尊张仲景为“医圣”。

张仲景像

秦汉的倡人、方士、食文化

在秦汉的大一统的时代，帝王将相为自己的丰功伟绩弹冠相庆，社会各色人等也不会放过机会粉墨登场，或好或坏演绎出一幕幕历史活剧，沸沸扬扬催生出秦汉一股股世风。诸如宦者恃宠干政，“倡人”歌舞升平，“方士”沟通仙神，特别是美食美器、烹饪技艺的繁荣发展，既满足了帝王豪族的宴饮享受，又蕴蓄、积累了中华菜肴文化的风韵、特色。

西汉的彩绘陶乐舞杂技俑。中国杂技艺术源于先秦，至汉代大盛，称为“百戏”

秦始皇兵马俑身上，考古学家发现了大量的“宫”学冠头的工匠的名子。中国古代称阉人术为“宫”，属于上古的五刑之一。文献记载它起始于夏朝。中国古代，君主实行多妻制，后宫里有繁重的劳役要人去承担。这些后宫服役者，多取自战俘或罪徒。为了避免宫中服役的男性与后宫的女人发生两性关系，就将他们阉割过后使用。秦始皇统一中国后，法既苛又滥，受宫刑的人数聚多，史书记载“隐宫，徒刑者七十余万人”。他们或养于宫中服役，或被派去做了工匠。这些受过宫刑又生活在宫中的称为“宦者”。秦汉时期不少宦者借与皇帝、后妃的密切关系，参与到最高政治权力的斗争之中。秦始皇在世时，宦者赵高便同始皇的小儿子胡亥打得火热。秦始皇死后，赵高挟胡亥二世“以令天下”，以致达到“群臣皆畏”的地步。西汉后期至东汉，特别是东汉时期，宦者恃宠专权，肆意胡作非为，以致逐步形成一个宦者集团，成为当时黑暗势力的代表，助推东汉帝国到了崩溃的边缘。

大一统时期的秦汉，高度集权与文化凝聚相成，也赋予了音乐与舞蹈新的使命。上至帝王将相，下至平民百姓，宫廷乐舞与乡野歌舞，既鲜明比对，又交织共存。人们不分场合，亦歌亦舞，成为普遍的生活习俗，突显出中国音乐舞蹈与中国历史共命运、共发展的特色。秦时特设“乐府”掌管音乐，汉承秦制，到汉武帝时，乐府的编制已增至800多人，雅乐、俗乐并管。当时，宫廷蓄养了大批被称做“倡”的歌舞艺人。如秦始皇的后宫有“宫女侍者千余人”，“作戏倡优”。宫廷外的王侯富室私家也养有倡人。倡人中，以来自邯郸的邯郸倡最为有名。有的虽然原籍不一定是邯郸，但人们已习惯地将之称为邯郸倡。有的倡人甚得皇帝的宠爱，甚至成为皇帝的后妃。汉武帝的皇后卫子夫就曾是阳信公主家的歌女，因色艺被皇帝看中，得以入宫。卫子夫不但自己受封为皇后，儿子成了太子，而且她的姐妹兄弟也因此个个显贵起来，其中最赫赫有名的当属弟弟卫青和外甥霍去病了。

邯郸石雕，轻歌曼舞的邯郸倡

秦汉时代歌舞极盛，特别遇到庆典，常以歌舞祝庆。刘邦称帝后，衣锦还乡，随歌起舞：“大风起兮云飞扬，威加海内兮归故乡，安得猛士兮守四方！”。项羽和刘邦会聚鸿门，项羽想借机刺杀刘邦，即“从弟项庄挥剑起舞”，这已是人们熟悉的故事。秦汉时期除歌舞外，还有一种集杂技、歌舞及各种技巧于一身的“百戏”，也深受人们的喜爱。杂技艺术即源于先秦，至汉代大盛。

秦汉的大一统与对社会和自然的部分胜利，既滋养了雄心勃勃张扬自信之势，又衍生了要保住平安的期求。那时，人们的心目中，鬼神无所不在，期望通过祭祀与鬼神沟通，以就福避祸。因而人们迷恋祭祀和巫祝成风。祭祀的对象首先是天地祖宗，之外还有名山大川和日月星辰等。秦代被列为祭祀的名山有12座，大川有6条，到西汉时期就被简化为“五岳”和“四渎”。五岳为东岳泰山、中岳嵩山、西岳华山、南岳衡山、北岳恒山；四渎为长江、黄河、淮河、济水。为祭祀建置的祠庙难以数清。就在一片淫祀的泛滥声中，被称之为“方士”或神仙家的人应运而生。秦汉时期，一批自称能与神仙沟通的方术家以及他们的活动，似乎成为国家政治运作中不可或缺的一个环节。秦始皇和汉武帝都曾期望从“方士”那里得道成仙。秦始皇就派方士徐市与卢生等人求长生不死的仙方。虽然未拿到不死药，但卢生慌称从神仙处拿到谶书，预言“亡秦者胡也”，要求始皇发兵北击匈奴。始皇信以为真。但此后卢生怕骗术败露，找机会逃跑了。秦始皇大怒，将460余人坑之咸阳，这就是有名的“坑儒事件”。汉武帝也曾先后迷信方士多人，也多次受骗。武帝虽明知“方士之候祠神人，入海求蓬莱，终无有验”，但又总是“冀遇其真”以至于为武帝去海中求神仙者有数千人之多，使方士的骗术长久活跃在世。

世间唯有成仙好，没有方士哪得了

秦汉所风行以及留给后人的遗产，还有这一时期的饮食文化。

中国菜肴文化中，以蒸、煮、烤、煎、炸、烹、炒等多样的技

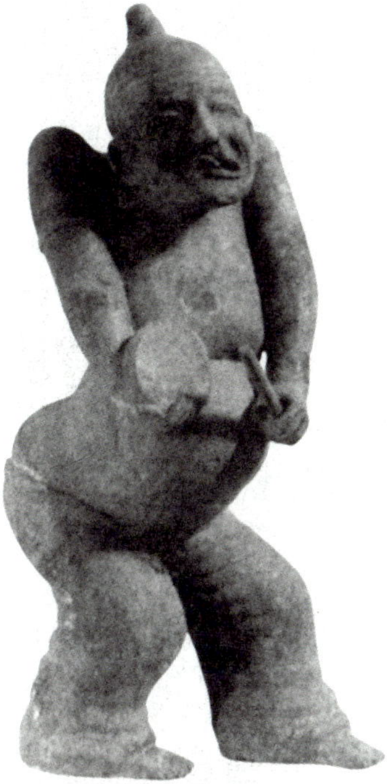

东汉《说唱俑》大碗喝酒大块吃肉，大声唱出来

艺手法，以色、香、味聚全的终极效应，讲究刀工火候、五味调和的整体性与完美性，以及一日三餐制食俗等，可以说都是在这一时期初步形成的。

“五谷”作为食用农产品的代名词，自春秋始至少有近3000年的历史了。人们常说的五谷杂粮其实不只五种，解释也不同，“五谷”只是作为代名词罢了。到秦汉及以后，麦、稻成为人们主食的两大基本构成。麦为面的加工和面食的花样翻新提供了方便。此外，秦汉时期的粮食也多了起来，从而由先秦时期人们只吃两顿饭过渡到日食三顿：“一日之中三时食，朝、夕、日中时”，这一食制、食俗一直延续下来直到今日。

秦汉时期，人们把所有的面食都称做饼。在品种繁多的面食中，馒头的由来，最有戏剧性。据史书记载，诸葛亮南征孟获。有人告诉他，蛮人打仗有杀人头祭神的习俗。诸葛亮不愿杀人，就用羊肉、猪肉作馅，用面制成人头，照蛮人的样子来祭神。人们发现这种祭品倒很好吃，于是给它起个名字叫蛮头，而且传延下来，越做越精越小，直到衍变成今天的馒头。实际今天看，那时的馒头该是今天的包子。

相对面食而言，菜肴更能体现中华饮食文化的风格。秦汉时期，是我们现今丰富多彩的菜肴文化蕴蓄和积累的阶段。构成菜肴的三个要素，一是主料，二是调料和油料，三是加工方式，其中主要是烹调术。主料分为天然产品和人工改造产品两类。天然产品中，诸如植物类的蔬菜瓜果和动物类的禽兽鱼鳖，人工改造类产品中，以汉代发明的豆腐制作最具代表性，以至现在已广为流传世界，这也是中国古人对人类文明的重大贡献之一吧。秦汉时期，现代中国菜肴的九大主味：酸、甜、苦、辣、咸、鲜、香、麻、淡等都已基本具备，而且当时还经过调和，繁衍出许多复合型的滋味。汉代学会造醋，秦汉时期还掌握了驯养家蜂采蜜的方法。张骞通西域，从西北引进了不少植物类调味品，如胡葱、胡蒜、茴香等，并懂得了用豆与面粉制酱，比先秦的肉酱有了很大进步。食酱和豉已是汉代人的一大风尚。至于油，也改变了先秦只用动物脂膏的办法，学会了从各种植物中榨油的技术。随着植物油的发明，在烹制技术上也更趋完善。除先秦已有的烧烤、蒸煮外，秦汉以后炒、爆、炸、煎各种技法一应俱全，加上西域打通后，中原地区不少菜肴做法与之融合，使烹饪艺术更加完美，从而孕育了别具特色的中国菜肴的体系和风味。丰富多彩的美食，加上装饰精美的食具，也同时映衬出当时大一统帝国的几分辉煌。

熊足铜鼎既是炊具，又是艺术品

“中国史学之父”司马迁及其《史记》

历史的精神如何展示，司马迁的《史记》给后代史家树立了不可逾越的丰碑。中国历史到司马迁时代，已经有两三千年了，尤其是春秋战国的兴亡存灭、秦汉之际的社会剧变，以及汉王朝的空前未有的历史功业——这些过往历史的精魂，在司马迁的胸中交会、交战。带着强烈的“究天人之际，通古今之变，成一家之言”的使命感，在遭遇惨痛的腐刑之余，司马迁发愤完成了《史记》。这部史书，影响后代史家垂二千年之久。鲁迅先生誉之为“史家之绝唱，无韵之离骚”。

司马迁像与清版《史记》书影

在黄河出龙门进入汾渭平原开始荡漾于晋陕之间时，在陕西首先流经的就是韩城市，它就坐落在黄河岸边。中国史学之父——司马迁于公元前145年（一说前135年）就出生于龙门，今陕西韩城市。

司马迁的先人一直是周朝的史官，父亲司马谈曾作太史令达二十多年。西汉时期，太史令在政治上已经没有什么权力，但从文化上看，太史令依然掌管天文历法、记事修史，负责管理并可广泛接触古今典籍。司马谈著有《论六家要指》，对阴阳、儒、墨、名、法、道各家之学的短长进行了中肯评说。司马谈久有志向，继承先人的著史绝业，效法孔子的《春秋》，作一部前所未有的史书，但天不从人愿。临终前，他拉着司马迁的手，哭着把著史的大业托付给儿子。司马迁匍匐涕泣，接受这项重托，决心继承乃父之遗愿。

司马迁像

司马迁自小博学多才，10岁就“诵古文”，青年时代即精通“六艺”。20岁就开始远行，周游天下。他南下江陵，过长江，在沅湘流域、汨罗江凭吊了自沉的屈原；游踪到九嶷山，考证有关舜的传说；在会稽，探过“禹穴”；在淮阴寻访了韩信的遗迹；在丰沛，访问了萧何等人的故居；在山东，“观仲尼廓堂、车服礼器”，领略孔子之遗风，还访问了孟尝君故邑；在北方边塞，行经蒙恬所为秦筑长城之亭障。如此壮阔的游踪，使司马迁打开了眼界，增长了阅历。

司马迁所生活的时代，在汉武帝的统领下，中国的封建制度完全树立起来，国家统一，国力强盛，文化自觉又自信；与此同时，也有封建专制所特有的黑暗和对人性的摧残。这一切，都促使司马迁反复思之，经由司马迁的慧眼观之。公元前108年，司马迁继承父业出任太史令，开始编写他父亲没有写完的史书。

然而，不久，一件不幸的事降临到司马迁身上。公元前98年，就在他撰写《史记》的时候，因为替北征匈奴而陷入敌手的李陵辩解，触怒汉武帝，被捕入狱，施行宫刑。这种刑罚虽不致命，却让人蒙受极大耻辱。面对这人生巨大的打击，他曾几次想要自杀，但又不甘心这样死去。出狱后司马迁夜以继日，将余生全部投入到了《史记》的编撰上去。“盖西伯拘而演《周易》；仲尼厄而作《春秋》；屈原放逐，乃赋《离骚》；左丘失明，厥有《国语》；孙子膑脚，兵法修列；不韦迁蜀，世传《吕览》；韩非囚秦，《说难》、《孤愤》。《诗》三百篇，大抵贤圣发愤之所为作也。此人皆意有所郁结，不得通其道，故述往事，思来者。”这是司马迁在惨遭宫刑之后，在给任安的信里所表露的史家情怀。三千年的往事，在太史公这颗意有所郁结的心里，最终化作《史记》，烂然附丽于历史的星空之上。在这部被鲁迅赞誉为“史家之绝唱，无韵之离骚”的书中，我们处处能感受到司马迁“究天人之际，通古今之变，成一家之言”的著作旨趣。

司马迁所著《史记》原称《太史公书》，全书130篇，52万多字。其中包括“本纪”12篇，是给帝王设立的专传，记载帝王的事迹；表10篇，用表列的方式记载重要人事，补充本纪；书8篇，记载典章制度；世家30篇，为诸侯王和特殊重要的人物如孔子等设立的专传；列传70篇，记载社会各阶层代表人物及少数民族、邻国的历史等。史记上起传说中的黄帝，下迄汉武帝太初年间，翔实地记载了近三千年的兴衰存亡和人物活动，反映了丰富的社会生活。《史记》

所涉及的时代之远和包括的范围之广，都是空前的，是同当时中国统一局面相适应的一部总结以往史事的通史巨著。

《史记》之后的又一个两千年过去了，如逝水的时光、如劫波的历史，一次次见证了司马迁给百代史家所树立的理想和丰碑：在《史记》之后，是以《汉书》、《后汉书》、《三国志》、《中国通史》等来命名的中国历史的长卷。这在世界文化史上，是举世无双的，象征着中华民族永远的生命力。

司马迁著《史记》

司马迁在历史编纂学上的集大成贡献，被称为著史的“极则”，其后的历代正史无不遵循。其影响之久远，影响之广泛，及于西方。美国当代一位著名史家，给自己取了一个中文名字“史景迁”，“史”就是史学，“景”就是景仰，“迁”就是司马迁，合起来看，“史景迁”就是从事史学工作就要效法司马迁。这是一个很有意味的命名，也从一个侧面展示了古代中国史家和史学的永久魅力。

《史记》不仅是一部了不起的历史书，而且在历史文学上也有高度成就。作为史记，不仅内容翔实，并且在文字上生动优美，人物写得栩栩如生，在文字上为传记文学开辟了天地。司马迁还善于运用“寓论断于叙事”的手法，对于人物的褒贬，并不直接现身发论，不在篇中特别指出，而是通过史事的叙述指引读者自然得出结论。这是十分高明的叙述方法。

《史记》在中国史学上的贡献是巨大的，它为此后反思历史的学者们指出了方向、树立了典范。司马迁所提出的问题、达到的成绩，犹如丰碑一座，永久地屹立在历史上，促使后人去景仰、去超越。

如今黄河岸边的韩城，也就永远和司马迁这位伟大人物和一部历史巨著联系在一起。他既是留给韩城人的永久记忆，也是留给韩城人的骄傲和光荣。司马迁家乡的人们为他修建的司马迁祠，用52.65万块砖建成，象征司马迁用52.65万字写成了不朽的巨著《史记》。

陕西韩城司马迁祠远景(右)
陕西韩城司马迁墓(左)

“白马负经”与佛教东来

佛教对中国社会的影响之巨大，只要看看“真理”、“世界”和“刹那”等一类词汇，就知道了。佛教曾经是一种外来的异质文化，但今天的我们却浑然不觉其“异质”究竟在哪里了。因为，佛教及其所彰显的佛性，在中国经历了两千年的变异融合之后，早已成了中国固有文化传统的一部分了。从中外文化交流的角度看，佛教产生在古印度，但开繁花结硕果却是在中国，佛教究竟是怎样成功地做到这一点的？我们也许可以通过回望一下佛教初度东来白马寺的传说，对此有所了解。

白马寺前的白马

洛阳牡丹天下最，但洛阳不止有牡丹，还有一座被视做“禅宗宜庭”的白马寺。禅宗，就是完全中国化了的佛教。佛教倘若不中国化，它绝不可能获得这样的成功。在这一过程中，佛教采取了各种灵活多变的适应性策略。它承认统治者的世俗权威，说皇帝是佛在人间的代表；它也承认中国本土的传统习俗，在家孝敬父母，出家恭敬师傅；尤其是它与中国的士人的意识形态结合起来，满足和提升他们的精神需求，等等。同时，作为外来的“异端”，它也少不了给自己装饰一些庄严而瑰丽的传说，把自己的起源和发展的历程神秘化和神圣化，吸引普通百姓，以博得他们的虔诚礼敬和香花供养。与白马寺的创建紧密相连的“白马负经”的传说，便是佛教初到中原时的一种适应策略。

东汉光武帝刘秀大力提倡儒家孔孟之道。刘秀的儿子明帝刘庄，不但信仰儒家还信仰佛教。永平八年（公元65年），明帝刘庄还派人到印度去取经求佛。有关白马寺的传说大致有两种。一种传说是：据北魏史家杨衒之《洛阳伽蓝记》记载，东汉永平七年，汉明帝刘庄夜寐南宫，做了一个梦，梦见一位身长丈六、来自西方的金人，金人的脑袋和脖子上有一圈耀眼的日月光芒，只见威武尊严的金人，在殿庭里飞绕。第二天，明帝就此梦询问群臣，臣告诉他梦见的是“西域之神尊名为佛”。明帝听说梦见佛是吉祥的预兆，就赶忙派人带了丝绸到天竺国（印度）去取经求佛。天竺国佛教的大师们看到明帝

汉明帝刘庄像

虔诚之心，就派遣摄摩腾、竺法兰两位大师带着经书于永平十年回到京都洛阳，因当时是用白马驮着佛经而来，任重而道远，功不可没，即立寺为念，并取名白马寺。这个传说，大家最为熟悉。另一种传说是，据今天白马寺内保存的明代《重修古刹白马禅寺记》碑文说，汉明帝遣使求佛。得其经书，十年后始立寺。初名招提寺。后有王想毁掉招提寺，然在夜里看见白马绕塔悲鸣而止。白马悲鸣，感动了皇帝，不仅保护寺庙不毁，还念白马护寺有功，改招提寺为白马寺。

这两种传说，在具体情节上虽有所不同，但都表明汉明帝时已创建了“白马寺”。不过，东汉和曹魏的其他历史文献却不见“白马寺”的记载，直到建寺200年以后才在西晋僧人竺法护的译经记中

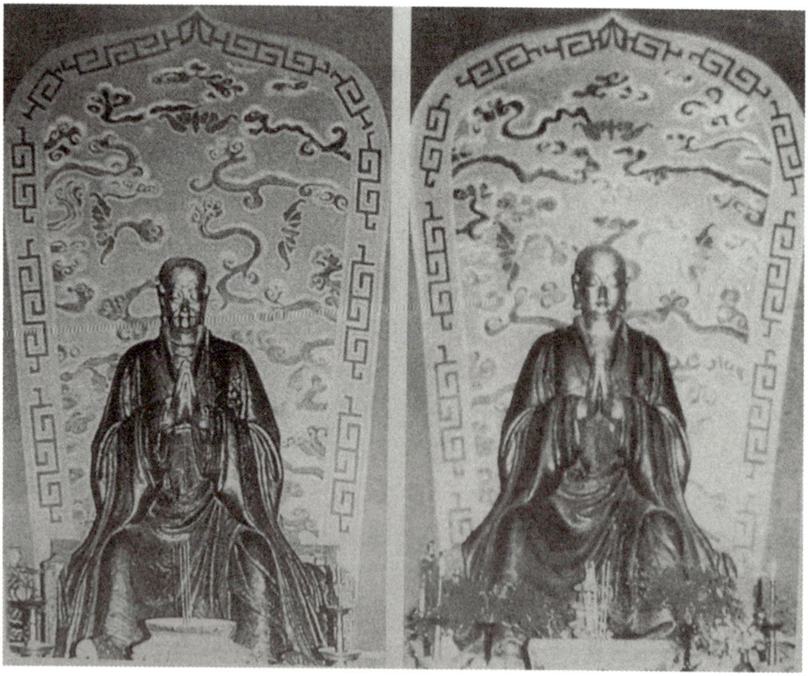

高僧竺法兰（左）
高僧摄摩腾（右）

白马寺

有了确切的记载。从东汉到西晋有关白马负经的传说，即从东汉建寺到西晋才开始闻名，这编造的传说和真实的历史之间，“误差”之久达200多年。这表明，在佛教初来中国的时候，面对严峻的社会、政治环境，佛教徒不得不采取可供彼此共同都认可和信奉的文化上来尊树象征物。

马，正是这样一种象征物。在中国，马为六畜之首，在距今约5000年的新石器时代文化遗址中，就曾发现过马的骨骼。先秦时期，马更为重要，不仅成为人们驾车代步的重要交通工具，而且还成为当时富国强兵、争霸天下的重要战争武器。《周易》记载：“服牛乘马，引重致远。”春秋战国时，马的繁殖、饲养和管理已达到了专业化的水平，并出现了许多相马的能手。我们所熟知的伯乐相马的故事就产生在这个时期。马的性情温驯，不仅通人性，还能负重致远，于是人们就把它视为自己最好的伙伴。比如，楚汉相争时，项羽战败至乌江自刎，其乌骓马也随即不食而死。日久天长，马被中国人升华为重要的文化精神象征物。《易经》说卦曰：“乾为马。”也即是说，马为阳首。龙是中国最为神异的民族精神象征物，而国人往往龙马并提，如成语“龙马精神”。《礼记·周官》载：“凡马八尺以上为龙”，即马之高大体长者就可称之为龙，“龙”、“马”在古人观念中是可以相通的，“马”和“龙”是一样的神异。秦汉流传的“河图洛书”传说，神话色彩鲜明。《尚书中侯·握河记》曰：“伏羲氏有天下，龙马负图出于河。”伏羲认真看了，始作八卦。《宋书·符瑞志》曰：“马龙者，仁马也，河水之精。高八尺五寸，长颈有翼，傍有垂毛，鸣声九哀。”能畅游河水，翱翔于天，这样的马不就是白马传说中“白马”吗？也只有这样的白马才会腾空西来，绕塔哀鸣，才能悲怆雄壮地萧萧长嘶，这自然也就会感动皇帝了。这正是古印度舶来的佛教在这200多年当中所积极寻觅的共同的象征物。神怪小说《西游记》中唐僧的坐骑，就号称“白龙马”，而在书中其确实也是由因罪被谪贬的小白龙变化而成，后来随同取经成功，因驮经之功被佛祖封为“八部天龙”。佛教对龙马背后的文化意义的发现和丰富，促使两种文化实现了深层次的融合。这样，外来的佛教，借助白马负经的传说，赋予了佛教一种多样化的生存发展策略，“异端”向着中国的本土化大大前进了。

自白马寺建成后，摄摩腾、竺法兰两位高僧住持其中，译出我国第一部汉文佛经《四十二章经》。从此，法轮东转，佛像生辉。白马寺逐渐成为中国佛教的中心。北魏时，有三千多西域僧人来洛阳进行佛学交流。由于白马寺的兴建，历代高僧甚至日本、朝鲜、越南等地僧人也来此拜佛求法，使佛教文化广为传播，产生了重大影响。千百年来，白马寺一直被东亚文化区域尊奉为佛教的“释源”和“祖庭”。

白马寺坐北朝南，主要建筑有钟鼓二楼、天王殿、大佛殿、大雄殿、接引殿、毗卢阁及清凉台等，沿中轴线由南而北依次分布。布局严谨，古朴典雅。唐武则天崇尚佛教，曾下旨大规模增修，僧人多达千人，为白马寺奠定了鼎盛基础。明嘉靖四十三年(1555年)又经大规模整修，形成今日白马寺的宏伟壮观。

白马寺大佛殿位于今河南省洛阳市老城东13公里处，北依邙山，南临洛水

佛教借助中国的信仰，制造新的神话，非常自然地沟通了不同民族间的心灵连接。洛阳白马寺正是由此超越了王朝的浮沉和洛阳宫阙的兴废，千百年来以“祖庭”、“释源”的身份在中国文化中居于一种超脱的地位。而中国自有白马寺之后，从此在旧山川上，有了新文化。魏晋南北朝唐宋以来，华夏大地上，佛教名山所在皆有。五岳之一的中岳嵩山，正是以其少室山之少林寺闻名：翠柏掩映，殿阁峥嵘，宝塔耸立，诵声如潮，境界平和，这就是中国文化所蕴涵的佛韵。

第五章
乱世时期的除旧布新

黄河流域从春秋战国以来就是民族融合的大熔炉了。民族的融合，时刻都在进行着，有时在政治统一的时候进行，如秦汉时期；有时在政治纷争的时候进行，魏晋十六国北朝就是这样的历史时期。这一时期，由于中原王朝的腐朽无能，北方广大地域内的各少数民族纷纷起来建立政权，创设制度。先是所谓五胡十六国的诸多民族政权，接着是统一了北方的鲜卑族建立的北魏，后来它分裂为东魏西魏，北齐北周又继之，合称为北朝。十六国北朝在中国的历史上，在一定程度上较之东晋南朝起了更大的历史作用。首先，它推进了民族融合；其次，它发展了传统的典章制度；最后，它为中国新的统一政权——隋的出现奠定了深厚的历史基础。

群雄纷争与《三国演义》

“滚滚长江东逝水，浪花淘尽英雄。是非成败转头空。青山依旧在，几度夕阳红。白发渔樵江渚上，惯看秋月春风。一壶浊酒喜相逢。古今多少事，都付笑谈中。”这首《三国演义》开篇的一阕《临江仙》，真是道尽了三国时代的群雄纷争和兴衰成败。它被电视剧版《三国演义》谱成主题曲之后，以其厚重悠远的历史之音，撞击着每一个听者、观者。而《三国演义》以蜀汉为正统、以曹操为乱世篡臣为出发点的历史悲情，更是被无限放大了。

桃园结义

三国，是指继东汉后出现的魏、蜀（蜀汉）、吴三国鼎立的历史时期。

东汉末年，宦官和外戚之争权夺利，水、旱、蝗灾之连年不断，农民起义之风起云涌，终于发展成一场波澜壮阔的黄巾大起义。在镇压黄巾大起义的过程中，豪强、军阀各自抓住机会扩充自己的势力，形成了地方割据的混乱局面。

先是雍州军阀董卓率兵杀进东汉都城洛阳，废少帝，立刘协为帝，即汉朝末代皇帝汉献帝。董卓的专横独揽，为所欲为，激起东汉朝臣和地方官员的强烈反对与不满，酿成大规模的内战。在袁绍组织的联军“关东军”的威逼下，董卓先是挟持汉献帝撤出洛阳逃往长安，又在长安被司徒王允和董卓自己的部将吕布合谋杀死。董卓虽死，余部不休，汉献帝为躲避董卓余部的控制，离开长安，在恐慌中到达洛阳。曹操听说后，亲率人马去洛阳接汉献帝，绝望中的汉献帝得以慰藉，十分高兴，叫曹操掌管军政大权。曹操劝说汉献帝离开洛阳，迁都许昌，改年号为建安元年（公元196年）。曹操在掌握汉朝末代皇帝汉献帝后，成为汉廷的实际主宰，他“挟天子以令诸侯”，掌握大权。后受封为魏公，又进爵为魏王。建安二十五年（公元220年）正月，曹操死，其子曹丕承魏王位。同年十月，曹丕就在现河南省临颍县繁城镇的“受禅台”逼迫汉献帝禅让称帝，国号魏，即魏文帝，重新建都洛阳。废汉献帝，东汉王朝正式灭亡，也开始了魏、蜀、吴三足鼎立的旷世

曹操画像

奇局。

早在汉献帝建安五年（公元200年）一月，袁绍率10万大军从邺城（今河南安阳北）出发进攻许昌。经过激战，特别是经过著名的官渡之战，曹操以少胜多，大败袁绍。袁绍失败后，原来投靠袁绍的汉朝宗室刘备，只得带着张飞、关羽去投靠荆州军阀刘表。正是在这里，刘备访贤若渴，网罗人才，亲至襄阳隆中“三顾茅庐”，求得隐居在那里的诸葛亮为军师，辅佐自己。诸葛亮不负所望，为蜀汉大业立下了汗马功劳，在曹丕称帝东汉灭亡的次年公元221年，刘备称帝，国号仍用汉，建都成都。后世通称刘备所建的汉为蜀或蜀汉，以区别于它以前的西汉和东汉。与刘备称帝的同一年，占据长江下游的孙权称吴王。8年后（公元229年），孙权称帝，国号吴，建都建业（今南京）。至此，三国分立的局面最终完成。三国的疆域，大体魏在北方中原地区，蜀在西南地区，吴在东南地区。三国之中，

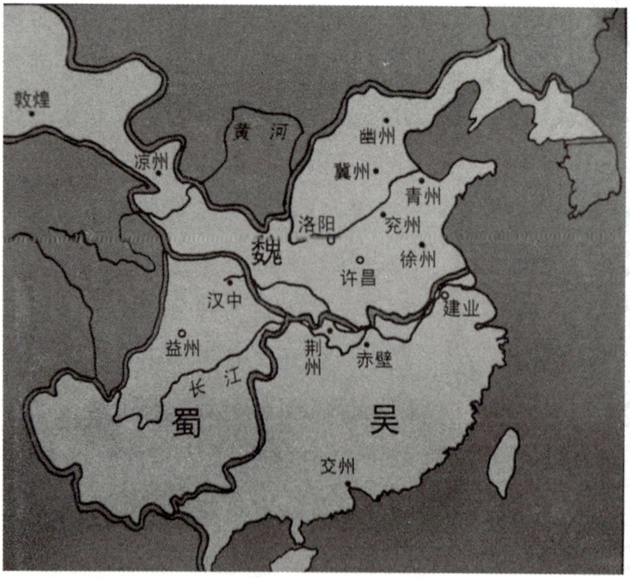

三国鼎立示意图

魏国疆域最大，吴国次之，蜀国最小。

三国，这个动乱不断、三国鼎立的时代，大概也是中国历史上继先秦的百家争鸣之后，又一个令人无限向往、无限迷恋的时代了。在这个时代里，一面是旧秩序的渐趋衰亡，一面是新秩序在血与火中蹒跚而生。护惜旧秩序的人和呼吁新秩序的人，他们之间展开了复杂的论争和斗争，共同上演了一出流传千古的历史大戏。后来人对于这戏的解读，每一个时代都很不同。西晋的史家陈寿，48岁开始撰写《三国志》。陈寿是晋臣，晋是承魏而有天下的。所以《三国志》便尊魏为正统。不过，这正统，到了南宋，便不成正统了，代表汉皇朝一脉的蜀汉，成了南宋人心中的正统。但历史就是历史，蜀汉终归是亡于曹操所奠基的魏。这南宋时汉族人心中的痛，到了罗贯中笔端的《三国演义》，终于得到了彻底的释放。但“老不看三国”的老话，却说得那样真切。因为，天下三分终归晋。此前无

山东沂南县是诸葛亮的故乡

数英雄人物的抗争，只化作一片云烟往事。

《三国志》，是一部记载魏、蜀、吴三国鼎立的纪传体史书。其中，《魏书》三十卷，《蜀书》十五卷，《吴书》二十卷，共六十五卷。记载了从魏文帝黄初元年（公元220年），到晋武帝太康元年（公元280年）60年的历史。陈寿，作为承魏而来的晋臣，自然意向分明，他在《魏书》中为曹操写了本纪，而《蜀书》和《吴书》则只有传，没有纪。这主次之分，是编史书为政治服务的一个例子，也是《三国志》的一个特点。

陈寿是三国时人，蜀国灭亡时31岁。陈寿的《三国志》叙事简略，在材料的取舍上也十分严慎。史学界把《史记》、《汉书》、《后汉书》和《三国志》合称前四史，视为纪传体史学名著。然而，《三国志》也有不足之处，其最大的缺点就是对曹魏和司马氏多有溢美之词。《三国志》成书之后，由于叙事过于简要，到了南朝宋文帝时，著名史学家裴松之（今山西闻喜人），为其作注，又增补了大量材料。裴松之广采博引，极大地丰富了原书的内容。

和《三国志》不同，罗贯中把三国历史写成了小说——《三国演义》。《三国演义》讲的历史故事，从东汉末年公元184年黄巾起义开始。《三国演义》在描写近一百年的历史故事中，不但揭露了封建帝王阶级对农民起义的残酷镇压，而且揭露了他们之间各种政治、军事和外交的激烈斗争。同时，也反映了当时人民遭受的种种苦难以及他们反对分裂、要求统一的愿望。《三国演义》开创了历史小说的先河，并贯穿了一个拥蜀反魏、尊刘贬曹的中心思想，认为蜀汉是正统的，曹魏是篡逆的。在这种思想指导下，一反陈寿《三国志》的结构篇幅，在120回的《三国演义》中，104回都涉及到蜀汉。在人物好坏的区别上，蜀汉是好人多，坏人少，而在曹魏是坏人多，好

刘备像

人少。在罗贯中笔下，刘备是“宽仁待民”的好皇帝，对百姓是“秋毫无犯，民皆感化”；而曹操则诡诈残暴，是“宁教我负天下人，休教天下人负我”的大奸臣。

《三国演义》为如何写作历史小说，提供了“七分事实，三分虚构”基本经验，其中塑造的一大群鲜明生动、有生命力的人物形象，是艺术的典型。《三国演义》也是一部艺术性很高的作品。

《三国演义》对战争的描写非常出色，如写官渡之战、赤壁鏖兵、彝陵之战等，都写得有声有色，雄伟壮阔，引人入胜。同时，也为后人提供了丰富的战略战术经验和教训。后来，农民起义的将领们把《三国演义》当做军事教科书来学习、运用。《三国演义》中，有关政治、外交、思想、道德等方面的内容，也是极为丰富的。今人在市场经济时代，又有了所谓“水煮三国”的阐发。

自罗贯中把三国历史写成小说以来，文人纷纷效法。各取中国历史一段，写成各种历史小说。在中国文学史上，历史小说便蔚然成为一大潮流，如《东周列国志》、《杨家将演义》、《说唐》、《精忠传》等，这就为普及历史知识提供了一个很好的途径。今天在电视媒体上所盛行的各种“讲坛”，也可以说是罗贯中传统的再创造。不过，要说到中国现代史上最早“水煮三国”的大师级人物，当首属毛泽东。

毛泽东对曹操十分推崇，反对贬损曹操。在毛泽东看来，曹操是中国古代少见的一位集政治、军事、文学才能于一身的人。1954年夏天，毛泽东在北戴河与保健医生徐涛谈到曹操。针对曹操是个“白脸奸臣”的说法，毛泽东发表了一番评论：曹操统一中国北方，创立魏国。那时黄河流域是全国的中心地区。他改革了东汉的许多恶

“三顾茅庐”中诸葛亮“隆中对”

政，抑制豪强，发展生产，实行屯田制，还督促开荒，推行法治，提倡节俭，使遭受大破坏的社会开始稳定、恢复和发展。这些难道不该肯定？难道不是了不起？说曹操是白脸奸臣，书上这么说，戏里这么演，老百姓这么说，那是封建正统观念所制造的冤案；还有那些反动士族，他们是封建文化的垄断者，他们写东西就是维护封建正统。这个案要翻。1975年，毛泽东对北大女教师芦荻说：汉末开始大分裂，黄巾起义摧毁了汉代的封建统治，后来形成了三国，这是向统一发展的。三国的几个政治家、军事家，对统一都有所贡献，而以曹操为最大。在1976年的一次谈话中，毛泽东还把曹操和孔子、秦始皇、朱元璋并列。毛泽东是一个浪漫的诗人，也十分喜欢曹操的诗。他在《浪淘沙·北戴河》一词中这样写道："往事越千年，魏武挥鞭，东临碣石有遗篇。萧瑟秋风今又是，换了人间。"这是毛泽东给予曹操定论的名篇。

当然，毛泽东对曹操并非全盘肯定。他认为曹操的主要缺点有二：一是有时也优柔寡断，二是不能严于律己。毛泽东也曾多次谈论刘备，其褒贬十分中肯。他对刘备的赞赏，主要集中于刘备善于用人，善于团结各方人士。据薄一波回忆，毛泽东在与他谈及《三国演义》时曾经说过：看这本书，不但要看战争，看外交，而且要看组织。你们北方人——刘备、关羽、张飞、赵云、诸葛亮，组织了一个班子南下，到了四川，同"地方干部"一起建立了一个很好的根据地。毛泽东认为，刘备的缺点表现在两个方面：一是好感情用事，二是这个人不能区分主次矛盾，因此导致了失败。

在三国人物当中，诸葛亮是毛泽东谈得较多的一位，大概也是毛泽东最为推崇的人物之一。他多次提倡人们要学诸葛亮的"鞠躬尽瘁，死而后已"的精神。他自己曾经表示：我也要鞠躬尽瘁，死而后已呢!毛泽东十分重视诸葛亮的宣传鼓动技巧和处理民族关系的艺术。之外，关羽、张飞、赵云、周瑜等，仅就三国人物经毛泽东仔细评点的就达30人。在毛泽东看来，三国是一个纵横捭阖的时代，是一个朝气蓬勃的时代，是一个有幸能够建功立业和创造历史的时代——或者说，更像是一个再好不过的舞台。毛泽东对《三国演义》情有独钟。从13岁起始读《三国演义》，到逝世前还以赞赏的口吻谈论曹操自学成才，毛泽东评读三国历史整整70年。他读三国历史持续的时间之长、评三国历史涉及的范围之广，均为世所罕见。毛泽东的点评信手拈来，挥洒自如，在切中要害的同时，往往又能发前人所未发，毛泽东的点评又总是紧密联系实际，阐幽发微，以史为鉴，可谓把历史读活了、用活了。

群雄纷争的三国历史被一代又一代的后来者重提，演义历史的罗贯中，也因此获得了他在中国文学史上的重要地位。三国鼎立的时代，统治者们都怀着一统天下的雄心。他们一面进行着连年的混战，一面为壮大自己的实力又尽力发展各自的经济，在境内实行屯田，注重兴修水利，重视军用手工业的发展，曹魏盘踞的中原农业得以很大发展；蜀汉具有的沃土千里的成都平原，素有“天府之国”之美称；江东孙氏经营的少数民族的山越地区，从他那里揭开了东南经济开发史的序幕。三国的经济开发，为即将来临的大统一做好了物质准备。

民族大迁徙与江河对话

三国鼎立的局面被曹魏政权打破之后，中国的历史并没有进入一个平稳的发展时期。先由司马氏篡魏建立西晋统一政权，接着短命的西晋又在“八王之乱”中迅速衰亡。期间，不能忍受兵祸之苦的人民大众纷纷揭竿而起，西北边疆各路少数民族也加入到抗争的行列，并建立各自的政权。先有“五胡十六国”，又有对峙的“南北朝”，几个世纪的纷争，既伴随着前所未有的民族冲突，又带来了不可阻挡的民族大迁徙与大融合，直至隋朝——一个重新实现空前大统一的政权的到来。

魏晋画像砖，甘肃嘉峪关出土。频繁的人口流动，造成原属于牧猎经济范围的西北一带，开始向半农半牧区演变

经过半个多世纪的政治动荡，三国鼎立的平衡格局终于被打破。雄踞中原的曹魏政权于公元263年先灭蜀国，又于公元280年灭吴国，统一了中国，结束了东汉末年以来100年左右的分裂局面。后来司马氏篡魏建立西晋，但它却是一个短命的王朝。晋武帝司马炎大封司马同姓诸王，结果不仅没有巩固其统治，反而酿成绵延16年的“八王之乱”。与此同时，饱受长期兵祸灾难之苦的人民大众纷纷揭竿而起，各少数民族也纷纷加入到这一反抗、斗争与纷争的行列。由西北边疆内迁的少数民族乘机起兵建立自己的政权。先有所谓“五胡十六国”，接着由鲜卑人建立的北魏统一黄河流域，又分裂为东魏、西魏、北齐、北周继之，历史上合称北朝。而原先西晋的残破势力则迁至长江流域，以建康为中心建立政权，先是东晋，后又有宋、齐、梁、陈，合称南朝。这种南北对峙的格局持续了几个世纪，最后形成民族的大融合，到隋朝又重新实现空前的大统一。

正是在魏晋南北朝，中国进入一个民族大迁徙、大融合的时期。在这民族大迁徙的时代，有南北中国各民族之间的交流，更有北中国鲜卑族为代表的各少数民族同汉族的融合，还有南中国的汉族和越族等少数民族的交往。他们之间的和战，促进了黄河流域和长江流域两大经济区之间的联系。

在魏晋南北朝的民族大迁徙中，内迁中原的少数民族逐渐接受了黄河文化。史称“五胡”的匈奴、羯、氐、羌、鲜卑等族迁入中原后，逐步由游牧生活过渡到定居生活。此后，先后建立十六国政权，无一例外地都崇尚儒学，融入汉族文化的洪流中。现在，在陕西与内蒙古交界地处毛乌素沙地南缘，位于陕西靖边县红墩界乡白城子村的沙漠古都统万城，就是公元418年由历史上十六国时期匈奴所建的大夏国的国都。统万城作为都城只有短短9年，即被北魏

统万城遗址

军队攻破，不复为都。但定名统万，所取“统一天下，君临万邦”之寓意和历经1600多年的风蚀、沙侵、雨淋和人为毁损之后，仍然可见相当规模的遗存，足可想象当年的建造者匈奴贵族赫连勃勃不可一世的恢弘气度。想来，统万城作为大夏国都的时代，一定不像现在的满目黄沙，应该是一个草原植被比较茂盛、水源条件较好的所在，是茫茫沙漠中的一片绿洲。按理说，习惯于马背上纵横驰骋的游牧民族匈奴人，是没有筑城习惯的。而曾经无比坚固的统万之城，正是我国少数民族和汉文化交流的产物和见证。大夏国覆亡之后，匈奴再也没有作为一个民族在历史上出现过。统万城成为我国古代匈奴族遗留下的唯一的一座都城遗址有着它不可替代的历史地位。

少数民族南迁之后，很多首领读汉书，习汉礼，跻身于士大夫阶层。后来的唐太宗李世民之文德皇后长孙氏，即唐高宗之母，她的祖先即是北魏献文帝拓跋弘之兄。鲜卑建立的北魏统一北方之后，孝文帝的汉文化改革是最为主动，也最为彻底的一次。他以法律的形式，强制改变内迁各族的风俗习惯，令改穿汉人服装，改说汉话，改复姓为汉族单姓，还提倡与汉人通婚。与此同时，除少数民族向内地的大量迁徙之外，西晋以后至少有不下20万汉人迁入河西走廊，有力地推动了边疆经济文化的发展。十六国时期在河西走廊立国的五凉政权，注意劝课农桑，发展文化，经济文化因此非常发达，成为当时黄河文化的又一重心。由于北方广大地区长期的各民族的错居杂处，与经济文化交流和联合反抗斗争的需要，汉语逐渐成为北方诸族的通用语言。在制度创设方面，十六国时期，匈奴、鲜卑、羯、氐、羌等民族先后建立的王朝，它们的礼乐文化和行政制度，虽然渗入了许多本民族的文化，但中原传统的基本制度与文化从未被割断。与此同时，汉族对少数民族的风俗文化也有所吸纳，许多少数民族的农作物与饮食、烹调技术引入中原，少数民族的服装、家具、乐器、歌舞不仅被接受，有的甚至在中原地区广为流行，显现了汉族文化与少数民族文化之间更深层次的交往与认同。

北魏孝文帝像

西晋狮形青瓷盂

黄河文化向四周的进一步扩散，在推动经济文化发展上所发挥的巨大作用，除体现在西北广大少数民族地区外，还以江南最为突出。江南特别是东南沿海地区，原是古代越人的故乡，生产水平远远落后于黄河流域。到三国时，除太湖流域外，其他地区的经济、文化均不甚发达。西晋末年以后，约有百万的北方汉人南迁，将中原地区发达的文化和先进的生产技术带到长江中下游和江南地区，使之经济文化得以迅速开发，到东晋、南朝之际，江南地区的经济文化发展程度已接近或达到黄河流域的水平。特别是江、浙的太湖流域和浙东的会稽（今浙江绍兴一带），江西的鄱阳湖流域，湖南洞庭湖流域等，长江流域中下游的不少地方，都变成东晋、南朝的粮仓。在农业技术上，北方的粪肥、牛耕等技术也在南方推广起来。织绵业、商业也得以发展，南朝都城建康，当时已是一个人口140余万的大都市了。在南方，不仅有越人与汉人的融合，还有居住在淮、汝、江、汉之间的蛮族，居住在今江西南部和广东曲江一带的溪人，居住在今湘南及两广地区的俚人，居住在今四川到汉中一带的僚族，这些少数民族在南北朝以后，都基本上和汉族融合在一起。这种黄河与长江的"对话"，南方与北方的民族大融合，在中华民族的发展史上具有重要的意义。中国经济重心的南移，也就是在这个时期奠定了下来。此后中国历史上空前强盛的隋唐封建国家，就是在这种民族大融合的基础上形成发展起来的。在经过长期割据并进而形成南北王朝对峙中，其文化的共同性却反而日益得到发展，处于统治地位的各民族，无不自居为中国。

东晋壁画（庄园生活图卷）

再一统与京杭大运河

京杭大运河肇始于春秋时期，形成于隋代，发展于唐宋，取直于元代，疏通于明清，前后共持续了1779年。大运河最终在元代即公元1293年成为沟通海河、黄河、淮河、长江、钱塘江五大水系、贯通南北的交通大动脉，成为我国仅次于长江的第二条“黄金水道”，它和万里长城并称为我国古代的两项伟大工程，闻名于全世界。它是世界上开凿最早、最长的一条人工河道，其长度是苏伊士运河的16倍，巴拿马运河的33倍。京杭大运河，北起北京(涿郡)，南到杭州（余杭），全长1764公里，是祖先留给我们的珍贵物质和精神财富，是活着的、流动的重要人类遗产。

北京通州燃灯塔，始建于北周末年，稍早于隋运河的开凿。它矗立在运河北岸，见证了运河漕运的兴衰，成为京门的标志性建筑

经过魏晋南北朝300多年的纷争，至隋朝，汉末三国以来分裂的中国重新统一起来。尽管，隋代同秦一样的短命，但其后的唐却将隋统一的历史成果很好地继承下来，立国达300年之久。这其中固然有唐代君臣的主观努力，却也同隋代所开凿的有利于国家统一的大运河不无关系。隋很大程度上，直接亡于大运河的开凿，而后来的唐及其以后的朝代，却多享有了大运河为统一所创造的独特的社会历史条件。

大运河的开凿，可以追溯到春秋时期。公元前486年，吴王夫差挖邗沟，开通了连接长江和淮河的运河，并修筑了邗城，运河及运河文化由此衍生。秦始皇在嘉兴境内开凿的一条重要河道，则奠定了以后江南运河的走向。但隋代以前，由于五胡十六国的混乱局面和南北朝的长期对立，黄河下游大平原上的运河缺乏有效的管理和疏浚，有的淤浅，有的断流，至隋代重新统一中国后，才又对黄河南北两侧的运河进行大规模的疏浚和开凿。首先，以东部洛阳为中心，于大业元年(公元605年)开凿通济渠，直接沟通黄河与淮河的交通，并改造邗沟和江南运河。接着又开凿永济渠，北通涿郡。连同公元584年开凿的广通渠，形成多枝形运河系统。

隋炀帝像

隋炀帝杨广在中国历史上是个悖论的人物。一面是个明君，他结束了从三国到南北朝长期南北对峙的分裂局面，实现周秦以来第二次天下大统一，强劲地统治着一个帝国；一面是个昏君，他热心个人享乐，骄淫放纵，不顾人民死活。据说，隋炀帝为了到扬州看琼花，也为了南粮北运，加强对南方的控制，他征召100多万民夫，开凿挖掘大运河。首先开凿通济渠。通济渠西起洛阳的西苑，东到淮河边的山阳（今江苏淮安），沟通洛水、黄河、淮河，然后，接上春秋时期吴王夫差所开凿的邗沟，通向长江。运河水面宽40步，运河两岸大道的两旁种树，这样，从洛阳到扬州1000多公里，河运畅通，树木成阴，沿途还设置有40多座斋宫供皇帝休息使用。接着，大运河又两头向南北延伸。向北开凿永济渠，引沁水入黄河，直到涿郡（今河北涿州）。在长江以南开凿江南河，从京口（今江苏镇江）引长江水到钱塘江边的余杭（今浙江杭州）。前后用了不到6年时间，一条长近2000公里沟通海河、黄河、淮河、长江、钱塘江5条大河的大运河便全部挖成了。这样，隋朝时期的运河共有四段：通济渠、永济渠、邗沟、江南河，以洛阳为中心，北起北京西南的涿州，南达杭州。大运河的开通，便利了南北交通，促进了南北经济文化的交流，许多繁华的城市出现在运河两岸。特别是扬州，是大运河的名邑，成为南北交通枢纽，藉漕运之利，富甲江南，为中国最繁荣的地区之一。

到元朝时，元定都大都(今北京)，所需的大量粮食，主要仰赖于长江下游地区，故必须开凿运河把粮食从南方运到北方。为此先后开凿了三段河道：首先，至元十八年(1281年)在山东境内开济州河，从任城(今济宁市)向北至大清河（即今山东境内的黄河，当时的黄河在山东半岛南侧由淮河入海），长75公里；至元二十六年（1289年）

开凿会通河，它南引汶水自今山东梁山附近的安山西南开渠，由寿张西北至临清，长125公里。因会通河与济州运河都在山东境内，故被称为山东运河。接着至元二十九年又开通惠河，引京西昌平诸水入大都城，东出至通州入白河，长25公里，至元三十年元代大运河全线通航，漕船可由杭州直达大都，成为今京杭运河的前身。明、清两代维持元运河的基础，明时重新疏浚元末已淤废的山东境内河段，从明中叶到清前期，在山东微山湖的夏镇（今微山县）至清江浦（今淮阴）间，进行了黄运分离的开泇口运河、通济新河、中河等运河工程，并在江淮之间开挖月河，进行了湖漕分离的工程。

京杭大运河全长1764公里。它作为南北的交通大动脉，在历史上曾起过巨大作用。大运河串起了一系列明星般的古城，南北两端是北京和杭州。沿线有苏州、镇江、扬州、淮安、徐州、济宁、聊城、临清、天津等18个市区。古诗云：一支塔影认通州。灯塔矗立

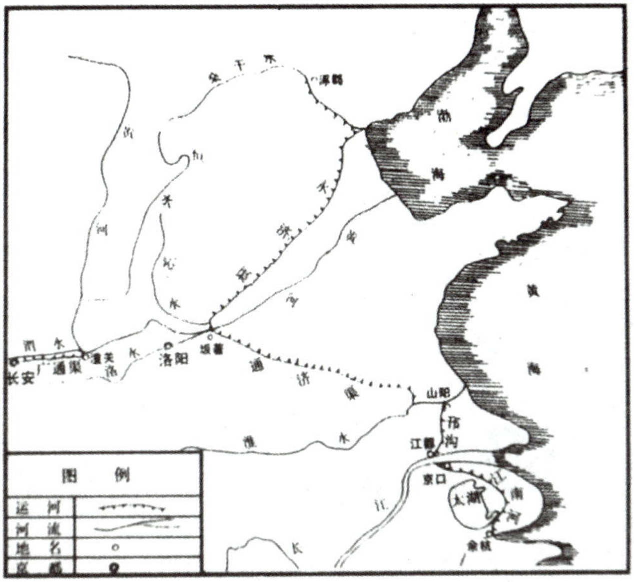

隋唐运河图

在大运河的北端通州，成为京门的标志性建筑。北运河和南运河会师天津，又在这里被海河一齐送入渤海。据记载，漕运发达时期，从天津到通州的北运河上每年要承载2万艘运粮的漕船，官兵12万人次，连同商船共3万艘。水道的开通使小小的直沽寨很快发展成了远近闻名的“天津卫”。聊城湖河水面积占城区的1/3，被称为“中国北方威尼斯”，这在北方城市里非常少见，其中就有京杭大运河的功劳。运河的开通，使苏州水多粮丰，有了“苏湖熟，天下足”的美名。除了名城，大运河更汇聚了中华文化顶尖级的物件：美誉天下的丝绸、名闻遐尔的陶瓷、香飘万里的茶叶，从这里来往穿运往各地。四大文学名著《三国演义》、《水浒传》、《西游记》和《红楼梦》亦都诞生于运河沿线。大运河入淮口淮安，运河东岸古镇码头下便是《西游记》的作者吴承恩的故居。《水浒传》中108条好汉上的梁山就在运河与黄河河畔。

大运河的名邑扬州远眺

中华人民共和国成立后，对运河进行了大规模整修，使其重新发挥航运、灌溉、防洪和排涝的多种作用。1988年底建成的京杭运河和钱塘江沟通工程，已将江、河、海衔接起来，构成了以杭州为中心的、以京杭运河与长江、黄河、淮河、海河、钱塘江五大水系相连通的水运网。

京杭大运河显示了我国古代水利航运工程技术领先于世界的卓越成就，留下了丰富的历史文化遗存，孕育了一座座璀璨明珠般的名城古镇，积淀了深厚悠久的文化底蕴，凝聚了我国政治、经济、文化、社会诸多领域的庞大信息。2006年5月25日，京杭大运河作为中国春秋至清时期的伟大工程，被国务院批准列入第六批全国重点文物保护单位名单。

大运河始于春秋时期，形成于隋代，发展于唐宋，取直于元代，疏通于明清，前后共持续了1779年。京杭大运河堪称是我国历史上与万里长城媲美的伟大工程之一。它是世界上开凿最早、最长的一条人工河道，其长度是苏伊士运河的16倍，巴拿马运河的33倍。京杭大运河是祖先留给我们的珍贵物质和精神财富，是活着的、流动的重要人类遗产。

儒、佛、道的并立与交融

孔子创立儒学，从汉武帝“罢黜百家，独尊儒术”之后，便确立了在中国封建时代的文化核心地位。与此同时，自古印度传入中国的佛教和土生土长的本土宗教道家，共同作为中国传统文化的主体，对中国文化与社会产生巨大而深远的影响。从魏晋南北朝到隋唐，“三教”从并立走向融合，这不仅充实、丰富了中华文明的宝库，也使中国人的思想信仰更加丰富多彩。

中卫高庙，位于宁夏中卫县城北，始建于明永乐年间。这是一座典型的三教合一的寺庙，同时供奉着佛、菩萨、玉皇、圣母、文昌、关公

儒学自从汉武帝听从董仲舒的建言，“罢黜百家，独尊儒术”之后，便确立了在中国封建社会意识形态上的统治地位。尽管在东汉末年，尤其是在东晋南朝，儒学受到重创，长期不振，但起落之中，最终依然确立了儒学在我国政治、思想上的统治地位。与此同时，道教、佛教与儒学一起，共同作为中国传统文化的主体，对中国文化与社会产生巨大影响。道教是土生土长的本土宗教，东汉顺帝时正式形成，魏晋南北朝时被官方认可。佛教在西汉末年自古印度传入中国后，历经几百年的努力，在魏晋隋唐时终于成为中国思想文化的一分子。随着儒学、道教和佛教的先后兴起，“三教”的理念开始出现，进而从并立走向融合，这标志着中世纪中国的思想文化意识状况较诸先秦、秦汉产生了又一次深刻的巨变。这不仅使中华文明的宝库日新月异，不断得以充实，也使中国人的思想信仰日益丰富多彩并且在全国各地,尤其在黄河流域留下了灿若群星的文化景观。

佛教在公元前后的两汉之际，就从古印度传到中国内地。东汉明帝曾派人到西域迎高僧，并在洛阳建立了中国第一座佛寺——白马寺。中国的第一部汉文佛经就是在这座寺院中译出的。但由于东汉政权明令禁止汉人出家以及佛教初至与汉文化的隔阂，故那时佛教的影响十分有限。三国时期，军阀混战，灾疫流行，惨剧迭生，人们在苦度与寻求解脱中，对诠释人生奥秘、释解死亡恐惧的佛教，自然心向往之，信奉佛教的人越来越多，佛教第一次在中国出现了兴盛的局面。那时，僧尼二众遍及城乡，寺塔造像随处可见。到两晋十六国及南北朝，佛教势力的发展更加如火如荼。东晋十六国后期，战乱不断，佛教因宣传因果报应和彼岸世界的教义，受到社会普遍欢迎，得以很快发展，几乎普及到社会各个阶层。十六国的一些国君将高僧尊为“国师”。一些大德高僧为寻求佛法真经，远涉崇山峻岭，西行远游；一批学识渊博的佛教高僧及弟子也分散全国各地，为弘扬佛法不遗余力。

南北朝时期，深入研究佛经、讲经和著述之风更盛。南朝梁武帝就规定佛教是梁朝国教，他自己就曾四次舍身入寺，并多次登坛讲经，从事著述。北朝的许多后妃纷纷出宫为尼，实呈千古奇观。南北大族崇佛者为数众多。在他们的影响下，一般百姓从风而靡，“竭财以赴僧，破产以趋佛”，争先恐后地加入佛队伍。南北朝佛教的兴盛，还表现在寺院大增。三国时，全国寺院不过58所，西晋时增到237所，东晋十六国则建2000所。南朝梁代全境佛寺达2846所，北朝僧尼近400万人。环绕佛寺的苍松翠柏，竹林清池，加上寺院内的钟磬之音，香烟之气，使人一抵寺门，会顿觉佛法无边，妙理无穷。寺院地主经济的大兴，严重损害了国家利益，北朝发生过北魏太武帝和北周武帝发起的两次灭佛事件，但也是在北魏又建造了

石雕菩萨像。南北朝是佛教势力高度发展的时期，社会上下、无不从风而靡

梁武帝曾四次舍身入寺，斋戒淋浴，多次登坛讲经

陕西法门寺东方大佛

云冈、龙门石窟和洛阳的众多巍峨弘丽的寺院，这些都证明当时人们对所谓佛性的追求。黄河流域是最早引入佛教东进之地，白马寺就在黄河岸边；魏晋及隋唐时期的长安及其周围的郊区、山野，更是佛寺集中的地区之一。在众多的西行求法者中，曹魏时代当以朱士行为第一人。晋宋之际法显为第一人。朱士行是颍川（今河南禹县人），法显是东晋武阳人（今山西襄垣人），而最负盛名的唐初佛学大师玄奘出生在洛州(今河南偃师)。玄奘之后被称为中国佛教四大译经家之一，有着向印度求法惊人之举的义净，是唐代齐州（今山东历城）人。在黄河流域，除了分布着数不清的佛教寺院和佛山胜景，孕育了众多高僧大师外，也广布着众多的佛教窟龛，其中最著名的云冈石窟、龙门石窟、炳灵寺石窟和敦煌莫高窟，都成为黄河留给全人类永远享受不尽的宝贵文化遗产。

敦煌莫高窟。敦煌莫高窟工程就是在东晋永和九年（公元353年）开始营造的，足见佛教在当时的影响

炳灵寺

与佛教在汉地迅速传播、兴盛同步的还有道教。道教是兴起于中国本土的宗教，它同远古时期就有的灵魂不死观念和对天帝鬼神的信仰，以及秦汉以来盛行的黄老神仙方术和天人感应、阴阳五行学说有着思想上的联系。东汉顺帝时，以黄老学说为基础，吸收传统的鬼神观念和迷信方术，正式形成道教。道教，简言之就是通过道的教化，再进行个人的修炼而成仙得“道”。当时的道教有两支：一是张陵创立的五斗米道，这是最早的道教，因入道者须出五斗米而得名。一是张角创立的以奉天地、顺五行为主旨的太平道。东晋时道教渐兴盛。东晋哀帝信奉道教，常服“长生药”，以致中毒不能亲自执政。东晋初年，一位半官半道的人物葛洪以博学知名，尤好神仙导养之法。葛洪宣扬人只要“守一”，就可突破肉体和生命的限制，得道成仙。而“守一”的重要办法是服丹，葛洪后于罗浮山炼丹。葛洪提出改造民间流行的道教，建立官方道教的主张。他把儒家纲常名教思想吸收到道教教义之中，并掺和以佛教的超越生死的某些观念，认为求仙长生者不仅要致力于炼丹、服药和“行气”内修，而且要以忠孝、和顺、仁信为本。经葛洪之手，一种适应统治阶层需要的官方道教便从原始道团中分离出来，受到统治阶级的保护和扶植。南北朝时期，北魏太武帝为当时道教的领袖——嵩山道士寇谦之建天师道道场及道坛。南朝梁代道士陶弘景所著《真诰》，将道典出现过的近700名神灵，排列层次，构造道教神仙体系，使道教完成了从多神教向一神教的过渡。梁武帝对他十分崇敬，每有吉凶征讨大事，皆有咨询，时人称为“山中宰相”。由于道教出于本土，中国向来无传统成熟的宗教可资借鉴，所以道教在转型过程中总把外来的佛教当做学习和模仿的对象。道教的一些经典撰述中，也都吸收了佛教的很多成果。因此，魏晋南北朝的神仙道士也大都走过出儒入道，曾学儒学而后弃名教就神仙的道路。

道教一向把老子作为其教主。老子的诞生地在河南苦县曲仁里

道教神仙图

五岳之首——泰山山顶摩崖碑刻

(今河南鹿邑县城东),自然这里是道士们顶礼膜拜的圣地。道教徒认为,得道成仙者是为神仙,而神仙多居深山之中。自古以来一直吸引着无数道俗大众的五岳名山,除被道教称做第三小洞天的南岳衡山位于长江流域的湖南外,其余四岳——东岳泰山、西岳华山、北岳恒山、中岳嵩山皆在黄河流域,成为黄河流域独具宗教色彩的道教文化景地。

隋唐时期,在国家分裂了近300年以后重新建立统一的封建王朝,政治、经济和文化都取得了空前发展,成为亚洲乃至世界的先进国家。由于统治阶级重视文治政策,对儒、佛、道三教都予以扶植,出现佛、道 、儒三教鼎足并立的局面。隋朝比较重视佛教。而且佛教传入中国后经过汉、魏、南北朝的漫长时间,传布甚广,对中国的思想文化发生着巨大影响。唐代道教格外受宠。唐朝皇室自认为是道教教主老子(李耳)的后裔,以道、儒、佛排列三教次序。唐高宗更尊老子为太上玄元皇帝;唐玄宗李隆基则正式下诏,令天下生徒皆习《老子》、《庄子》等道家经书,形式上使道教与佛教有同等的地位，采取二教并重的政策。

在中国古代封建思想结构中，儒、道、佛是三大精神支柱，之间既有互相排斥的一面，同时又互相吸收。儒、道、佛作为中国传统文化的主体，三教的分合贯穿近两千年中国思想文化史，对中国文化乃至中国社会的变迁产生巨大影响。对此，人们多以“三教合一”来概括。三教概念的出现和广泛接受，是在魏晋南北朝。隋唐时期，三教鼎立达到了一个高潮，三教理念盛行。当时屡屡举行的三教辩论大会，在客观上为三教的思想交流和融合提供了绝好的机会。这些辩论的主题常常是在儒家“经世致用”的框架下展开的，目的是为了维护皇朝的统治和平定天下。故在唐代，虽然亦将三教置于相同的地位，但此时三教的重心，已由佛教转入到儒家。在中国历史上，儒、道、佛各有影响范围，其间常有高低先后之争，但都是从维护社会道德，有利政治统治为出发点和归宿，即所谓“三教虽殊，同归于善”。

宋代以后，三教合流已成定局。在三教融合基础上出现的宋明理学，奠定了古代中国中后期的意识形态。“教”多指形而下的教化而非形而上的宗教，这是古代中国政治、思想、文化的突出特点。

汉文化，一个强大的磁场

华夏原为炎黄二帝结成的联盟，尧舜时就有了华夏与夷狄的区分，后来由专指华夏/汉民族发展为包括中国各民族。汉魏以来，边疆民族称中原人为汉人。两汉基本确立的君主专制制度和儒学的统治地位，开始了对中国长达数千年的深刻影响，中国文化也因此被称为“汉文化”。这一“汉文化”犹如一个强大的磁场，吸引着周边的少数民族加入其中，改变它们的落后文化，萃取它们的精华，这种格局贯穿整个中世纪。

左图为三彩骑驼乐舞俑（局部），出土于陕西西安市。右图为骑驼俑，出土于山西省长治市。唐墓中大量以胡商、胡乐伎为形象的明器俑，说明唐帝国确实是当时文化的交会之地

汉族的形成，是以黄河流域的中原华夏联盟为核心，经过长期民族冲突与融合的结果。中华民族的主体民族——汉族，大致形成于两汉。从那时起，基本确立的君主专制集权制度，在中国后世数千年间持续发展巩固，成为中国基本的政治制度；确立了儒学的统治地位，开始了儒学文化对中国长达数千年的深刻影响，中国文化因此被称为“汉文化”，中原地区的中国人被称为“汉人”。

先秦时期，诗书礼乐的传统形成，儒家六艺是其总结和代表；汉代 400 年，使得这一传统得以继承巩固和创设发展，使它牢固地确立起来，成了中国文化发展的内核。后来的一切人，但凡想有所作为，都不能不在这个基础上着手。无论对峙的各方，在政治上如何，在经济上如何，在衣着上如何，但在文化上，却不能不被先秦、汉以来的传统所吸引而认同。汉文化，就如同一个强大的磁场，既吸引各少数民族不断地抛弃原来的传统，转而接受汉人的先进文化和生产、生活方式，逐渐演变、同化变成汉民族的新成员，同时汉人又吸附了来自四面八方的养料——不管他是否少数族，也不管他是否“外来户”，只要有利于旧传统获得新生命，它就乐于接受，勇于吸收，为我所用。甚至个别时期、个别地区还存在着一部分汉族人口为某些少数民族所同化的现象。但各少数民族不断地为汉族所同化，这始终是中国古代民族关系发展史上的主流。所以，它即使在魏晋南北朝的分

北齐黄釉乐舞图瓷扁瓶，河南安阳出土，从中可以窥视到胡汉文化的巨大差异

裂中艰难地行进，却依然迎来又一个东西南北文化大融合、大发展的新时代。

如前所述，儒、佛、道的融合，离不开汉文化的凝聚力，否则，在外来的宗教——佛教面前，不仅中国的文化会解体，中国政治上的统一也没有了可能。而民族大迁徙之际，西晋末年以匈奴、鲜卑、羯、氐、羌等五胡为首的北方及西北方少数民族先后入主中原，建立了大大小小的许多割据政权，及至延续下来的南北朝对峙，近300年的民族混战，最终还是达到民族的融合，这也同汉文化所具有的强大凝聚力分不开，否则，很难设想，中国会在几百年短短的时间内就实现了新的层次上全国性的民族融合；也很难设想，作为少数民族的北魏鲜卑统治者，会主动积极推行汉化政策。这种种都同汉文化固有的凝聚力是分不开的。在民族大迁徙的时代背景之下，中国的疆域虽然在政治上是分裂的，但在文化上一致；中国的制度虽然呈现多途发展的面孔，但又表现出统一的趋势，正是在这一过程中，“中国”一词的内涵与外延也得到了极大的充实和丰富。胡风、汉俗，互相交织，共存共生，最终构成一幅更加绚丽多姿的画卷。

汉文化的凝聚力是在牢固的思想意识上建立起来的。早在春秋战国，就有了对“四海”和“统一”的追求，就有了“四海”与“天下”统一的学说。孔门弟子曾讨论过只要推行仁义礼乐，不管什么民族，“四海之内皆兄弟也”，而“九夷、八狄、七戎、六蛮谓之四海”。那时，中原统治者加之于各民族的礼制是“今汉于蛮夷称天子，于王侯称皇帝”，也就是对直辖区的诸侯称皇帝，对边疆藩属则称天子。十六国时期，边疆五个少数民族登上了“皇帝”宝座，最初由皇帝称天子，又称大单于，后来大单于的称号一般由太子兼领。到唐朝，各民族共拥戴唐太宗为“天可汗”了。

不论是三国鼎立，还是南北方对峙，每个割据政权都以“统一天下”为最高政治目标，大一统成为各民族政权的政治理想，而为实现这一目标和理想，首先就要在理论上，证明自己是“受天明命”的正统所在。尽管也有割据政权对汉族正统的挑战和思想领域的对立，但在儒家文化的熏陶之下，各民族的观念与价值取向，又都逐渐地趋向一个中心——即对中原统治权的向往与争夺。不能“问鼎中原”，在地域、文化上不能与中原相抗衡者不得为正。黄河流域的中原大地，这汉民族发源成长之地，也成为北方少数民族发祥、壮大向往之地，成为华夏各民族交织融合的平台。不仅北方少数民族，先秦南方民族也向往中原。西晋末年以后，中原人开始向南方长江流域大量流动，长江养育了南方民族，又承续了黄河流域的民族扩张，不仅促成南方民族与汉民族的交融，而且也促使南朝汉族地主阶级改变了对北方的传统看法，强化了民族认同感，使南北汉人真正成为一个整体。梁朝将领陈庆之至北魏洛阳，回到南方后说：“自

南朝画像砖画中的人物所穿的服装，既符合汉族传统衣冠制度，又受到胡服的影响

晋宋以来，号洛阳为荒土，此中谓长江以北尽是夷狄，昨至洛阳，始知衣冠士族并在中原。”这种夷夏观念的淡化与变化，至唐代，唐太宗进一步推行“华夷一家”的国策，使多民族的融合成为时代的主流。唐太宗灵活运用了传统的“华夏居中、四夷居边”政策，保障了中央王朝与边地民族势力的均衡发展，使得唐皇朝的旧腹地与新边疆在更高的层次上达到了空前的整合。在思想观念上，唐代表现出强烈的文化自信力，对外敞开心扉，域外的各色人等和异质文明得以兼容并蓄。唐王朝的统治集团打破了以往纯粹汉人集团的界限，在思想上和观念上开拓创新，通过政权建设再度使中国统一起来。

与世界其他王朝相比，中国人的文化认同及其心理认同要浓厚得多。中国自古以来王朝的发展路径，从中原向四方开拓，虽然历经战争流血，武力统一，但是更多的则体现出文化的统合上面。所谓儒家文化的精髓就是以文治战胜武功，历朝统治者对周边各族和各种民族力量施行更多的是以中原的儒家文化熏染他们，使他们在

菩提叶上的罗汉图，大概受明末文人画的影响，将十二尊者画的如同文人雅士般清逸，可见在文化的潜移默化下，宗教信仰在传播中也会“入乡随俗”

与中原、汉人的接触中以生活方式、思想习俗的共享来处理彼此的关系，这些是中国历史文化认同的基本特点。而游牧民族的政权，则往往凭借武力，迅速地建立，迅速地瓦解。虽然，在决定大一统空间和容纳性增强的因素中，王朝政治起决定性的支配作用，但汉文化传统对不同文化思想的磨合，对外来、异质因素的兼容并包，也起了决定性的影响，由此使中国王朝的兼容性和弹性有了更多的发挥余地，历史上，特别在唐太宗至玄宗时期，这种兼容性达到全盛时代。

第六章
与河共舞的流金岁月

清初大思想家顾炎武曾作《历代宅京记》，从历史上各个王朝建都选址的角度对历代政治得失作了考察。这对我们如何看待黄河流域在中国历史上的发展地位颇具启发意义。综观中国五千年的定都史，黄河流域始终是中国的政治中心，并长期是中国的核心经济区或者是中国的重要经济区。像夏商周秦汉一样，唐宋元明清的政治中心始终不离黄河流域。唐的首都长安延续秦西汉的传统，依然在关中谷地。其东都洛阳则在东汉、北魏等朝的基础上更有所发展。北宋则定都开封，号为东京汴梁。元定大都，明自永乐开始，将首都从南京重新迁至北京，清延明制。这一千多年里，政治中心虽然多有变迁，但黄河流域的历史地位终不稍减，见证了中国历史的光荣与梦想。

回望盛唐长安

长安，也是今天的西安，自周秦以来就成了中国的首善之区，中国古代的多个朝代在此建都时间长达1077年。特别是在唐朝，长安作为都城达到了历史的高峰。历经了魏晋南北朝的民族大融合和隋骤兴骤亡的历史之后，唐代的中国进入了一个前所未有的兼收并蓄、开放搞活的历史时期。其影响力辐射至周边各国、辐射至更为遥远的地中海地区。首都长安更成为国际性的大都市。各国商贾摩肩接踵，各国使节纷至沓来，各国货品琳琅满目，各类思想异彩纷呈……大唐的皇帝被尊奉为“天可汗”，大唐的制度被四邻学习仿效，大唐的精神也流传千载。这些都在长安一隅多有体现。

气势恢弘的西安明城墙

位于秦岭北麓的渭河平原，东西八百里，南北数十里至上百里不等，是渭河及其多个支流冲积而成的。河川密布，原隰相间，土壤肥沃，宜于农耕，是我国古代最富庶的地区之一。这里是秦人的发祥地，自古被称为秦中。又因其东有函谷关，南有武关，西有散关，北有萧关等著名关口，而被称为关中。西汉开国名臣张良即称关中为“天府之国”。渭河平原的军事地理形势也极为重要：东有黄河，南有秦岭，西有陇山，北为茫茫沙漠和沟壑纵横的黄土高原，进可攻，退可守，古人常称之为“金城千里”。这特有的自然、地理资源，使得渭河平原自古以来就成为王朝建都立业的首善之区。特别是位于关中平原渭河南岸的古都长安（今西安市），具有四方之中的区位优势和号称泾、渭、灞、沪、沣、滈、涝、潏“八水”之绕的丰富水源，成为古代建都朝代最多、建都时间最长之地，曾经有西周、秦、西汉、新莽、隋、唐六个统一王朝和若干个分裂时期政权及农民起义政权等建都这里，建都时间长达1077年。唐代著名诗人杜甫有诗：“回首可怜歌舞地，秦中自古帝王州。”关中，是秦帝国的根本所在，

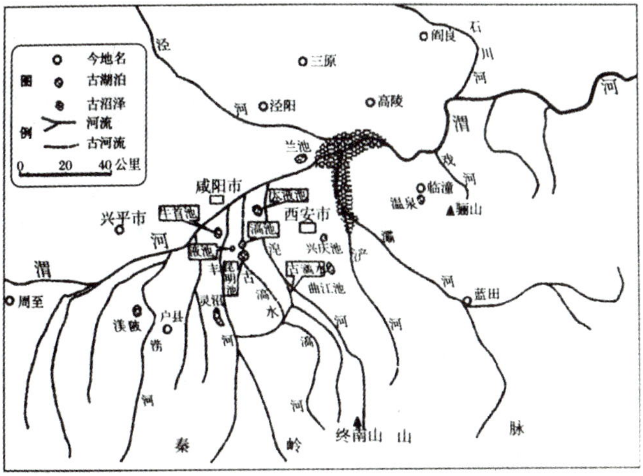

西安地区古今河流湖沼图

秦的声名随戎狄部落的流徙传向域外，邻国于是称中国为秦，古希伯莱人称中国为希尼，古印度人称中国为支那等，都是秦的音译。秦的英语音译也就是中国。到了汉朝，刘邦在西安建立汉朝，汉武帝开辟丝绸之路，西方对中国又有了汉人与汉的称渭，沿袭至今。而在唐代，丝绸之路盛况空前，海上与陆上的交通发达，对中国又有了唐人的称谓，直至今日有了遍布世界的众多“唐人街”。世界对于中国的认识，历史的坐标就这样源于陕西和西安而竖起了。

在西安地区第一次建立全国性都城的是西周。文王作邑于丰，武王建都于镐，丰、镐两京的位置，据考古发掘，分别位于今西安市以西约15公里处沣河的东西两岸。两地隔沣水相望，距离很近，后来史学家认为，丰邑在沣水之西，镐京在沣水之东的滈池附近，亦即汉代的昆明池内，后来，在王朝的更迭中均遭破坏，逐渐湮没；也由于沣水的改道和滈池、昆明池的干涸，丰、镐二京的遗址所在就更无处可寻了。在我国第一个封建大一统王朝——秦帝国将都城建在咸阳。咸阳北依毕原，南临渭水。秦都咸阳为中心的宫殿建筑众多，范围广大，自然是要与空前规模大一统帝国的宏伟气象相一致。

丰镐遗址（左）与丰镐遗址车马坑（右）

司马迁在《史记》中记有项羽进咸阳城后“遂屠咸阳”，“烧秦宫室，火三月不灭”，可见其规模之大。西汉初年，刘邦虽曾有过建都洛阳的打算，但接受大臣的劝阻，依然选择了这“金城千里，天府之国”位居关中的西安建都。

公元581年，杨坚建立了隋朝，仍以汉长安城为都。但建于西汉初年的汉长安城，久经战乱，破败不堪。遂决定放弃旧城，另辟新址。最后选择在汉长安城东南龙首原南坡(也就是今西安市城址所在地)的平原上兴建都城。杨坚早年曾被封大兴公，新都便取名“大兴城”，因此唐长安城的前身是隋大兴城。

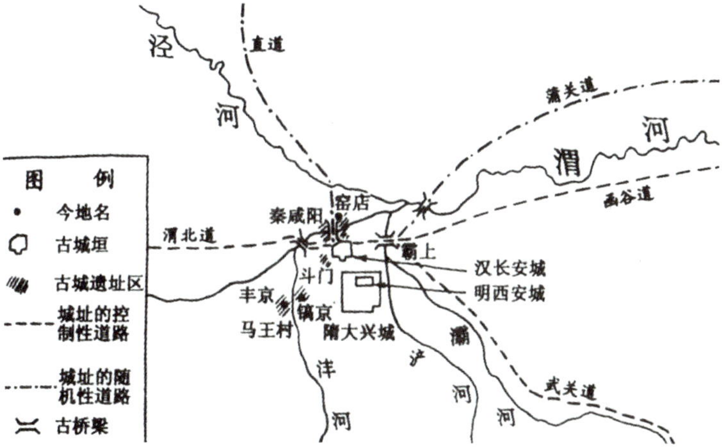

西安历代城址变迁示意图

唐代是中国历史上又一个温暖湿润的时期，温湿的气候为黄河流域农业经济的发展创造了有利的环境基础。唐代还对之前遍及黄河流域及西北各地的水利工程进行了全面恢复，并修建了一些新的灌区。原有的耕地得以精耕细作，大量荒地也被开辟出来。据研究，唐代黄河流域水稻种植，西起河西走廊，北抵河套、燕山南麓，南至秦岭、淮河，东至于海。另外，黄河流域还是重要的蚕桑生产地区，还有大面积的竹林分布。水资源丰富，河流湖泊中栖息着丰富的鱼类资源，渔业生产在社会经济生活中已占有重要的地位。

物质文明的发展为政治稳定、国力强盛、文化发展创造了条件，成就了被中外学者誉为“中国的黄金时代”的大唐帝国。而京师长安不仅是大唐帝国昌盛辉煌的象征，也是盛唐时代的一个缩影。历经1300多年时光的转换，这座宏伟的都城已经被红尘淹埋。然而今天，当我们拨开覆盖在历史上的尘土，瞩目秦砖汉瓦、唐皇王陵，黄河王朝大都城的风范与王者之气跃然而出。

百千家似围棋局，
十二街如种菜畦。
遥认微微入朝火，
一条星宿五门西。

唐代大诗人白居易在其《登观音台望城》中对唐长安城的布局结构上的严整作了非常贴切的描述。

唐长安城的设计建设是在大兴城的基础上加以增扩而成。据考古实测，长安城南北8470米，东西9550米，周长30多千米，面积83.1平方千米，约为今西安旧城的10倍。整个城市由北而南由宫城、皇城以及外郭城三部分构成。宫城位于全城北部中心，是皇帝寝居和处理朝政的场所。包括太极宫、东宫、掖庭宫三个部分，太极宫为皇帝居所，东宫住太子，掖庭宫住嫔妃。在宫城之南是皇城，皇城又名“子城”，各级官府并列其间，构成唐代行政统治的中心。外郭城名“京城”，从南、东、西三面环拱宫城和皇城。外郭城完全采取棋盘式对称布局，东西14条大街，南北11条大街，把全城分为大小不等的108坊和东、西两市。

长安城有12个城门，纵贯南北长达4500米的朱雀大街，宽150

米，处于城市中轴线上。而在宫城与皇城之间的东西横街，竟宽达400多米。道路两边绿树成荫。宫城的核心建筑从太极殿到大明宫(包括唐玄宗时期的兴庆宫)，无一不是极尽壮丽，气势辉煌。城内商业区、居民区以及寺观等区域相对分离，与百司官衙也不杂处。城内店铺林立，酒肆商行交错。整个城市给水、排水设施齐全，格局规模宏大，气势雄伟，整齐划一，既展示了大一统帝国的新气象，更成为一代帝都的典范。

盛唐时期，长安人口达到百万以上。生活在京师的芸芸众生之中，还有流寓于此的外来人员。长安城内不仅人口数量众多，更是人物荟萃，人才济济，成为名副其实的人才聚集的中心。特别是唐朝推行科举取士的选举制度，更给天下士人提供了扩张个性、谋求发展的机会。

一直为史家称赞的唐太宗李世民，接受了隋末农民大起义的历史教训，即位之后，励精图治，实行了一系列开明政策和利国利民的措施。他审立法令，反对严刑峻法，下达诏书，释放宫女；提倡节俭，淳厚民风，轻徭薄赋，极力缓和各种矛盾，创造一种安定的社会环境，使唐朝政权得以巩固，社会经济得到恢复和发展，史称“贞观之治”。特别是唐太宗知人善任、唯才是举、选贤用能。魏征原是太子李建成的谋臣。李建成死后被唐太宗重用。魏征能直言进谏，即使引起太宗盛怒也毫不退让。魏征病逝，太宗痛苦着说：“以铜为镜，可以正衣冠；以史为镜，可以知兴亡；以人为镜，可以明得失。魏征死去，我失去一面镜子了。”唐太宗的开明豁达，使各类英才脱颖而出，各显其能，绘成初唐人才的瑰丽画卷。汇集长安的各类英才成为长安文化的创造者，也是大唐文化辉煌成就的突出代表。

唐太宗李世民像

长安不仅是大唐帝国的政治、经济、文化中心，更因其繁荣昌盛成为当时周边各国向往的中心。那一条以长安为起点的丝绸之路，则进一步使长安城的繁盛具有了国际意义。长安城以它开放的英姿迎接世界各地的客人，以包容万象的惊人气魄吸纳着世界各地优秀文化的丰厚营养。长安城内的东、西两市，都是中外商品汇聚的中心，而在西市活动的外国商人更多。在西市的波斯邸，集中了来自波斯、大秦（即古罗马）及西域的商人。他们在此居住，并销售着来自欧洲及西亚的特产，同时用最低的价格收购中国的茶叶、瓷品、丝绸，再运回各自的国家谋大利。只要走在西市的大街上，随处可见红发碧眼曲卷胡子的波斯商人和热情奔放、人高马大的胡姬。所有这一切，都为大唐的繁荣和鼎盛注入了勃勃生机。

大明宫内的麟德殿曾宴请过70多个国家的客人。在众多常来长安的外国使节中，最有名的外国使节当推日本的遣唐使。日本前后共派19次不同名目的遣唐使，规模很大，人数多时一次就有500余人。遣唐使把唐朝的制度文化和技术等带回日本，对本国的生产生活与社会发展产生了深远影响。成千上万来自西方各国的青年人，有的在长安国子监留学，苦心学习中国文化和科学技术；有的在西市经营珠宝生意；有的则住入寺院，潜心钻研佛经。其中少数精英者，还进入了唐朝政府，担任高级官职。一些吐蕃使臣由于长期居住长安，耳濡目染，竟然熟知了汉族历史上的许多文化名人，比如伏羲、周文王、周公旦、孔子、老子等。尤其对孔子的崇敬，又影响到吐蕃本土，孔子被吐蕃人列入佛教的圣人，成为“孔子化身王”。也正是在唐太宗贞观年间，吐蕃松赞干布接文成公主入藏成亲，搭建了汉藏两族的友谊之桥。

西藏大昭寺松赞干布像，松赞干布是藏族历史上的英雄，他统一藏区，建立了吐蕃王朝

西藏大昭寺文成公主像（左）和文成公主入藏壁画（右）

唐代开始，东南沿海许多商人纷纷扬帆出海。他们每年 9、10 月间，乘着东北季风南下东南亚各国经商，待来年 3、4 月间再随着东南季风“回唐山”。这些在东南亚“住蕃”和移民的“唐人”，成为最早的华侨。唐后，许多国家都把盛唐的中国人及华侨称为“唐人”，他们聚居的地方就成了唐人街。唐朝创造的中外文化交融和开

大明宫含元殿复原图

放、宽容的局面，成为历史上永远的巅峰。

唐玄宗开元时期，社会经济虽然达到空前繁荣，出现了盛世的局面，但随着马嵬驿之变及后期“安史之乱”的爆发，安禄山攻入长安，大肆劫掠，并将都城付之一炬。繁华的长安从此一蹶不振。

长安作为都城的辉煌似乎走远。然而，在这气脉沉绵的厚土上，仅围绕着西安的汉唐两代的帝王陵墓就多达30余座，作为昔日王朝的象征依然生长出王气！正如著名作家贾平凹在《老西安·废都斜阳》中写到的：“要了解中国的近代文明那就得去北京，要了解中国的现代文明得去上海，而要了解中国的古代文明却只有去西安了。”西安帝王陵墓、名刹古寺每年吸引着大量的中外游客，更何况，今日的西安，又是高等学府、科研机构聚集的文化、科技教兴之城呢！

西安鼓楼

一代女皇与“神都”洛阳

洛阳是黄河流域又一座历史名城，先后有夏、商、西周、东周、东汉、曹魏、西晋、北魏、隋朝、唐朝、后梁、后唐、后晋共13个王朝在此建都。以洛阳城为都将近千年，仅次于西安，是中国历史上第二个建都时间最长的城市。这期间，一代女皇武则天和牡丹花神之间的故事，使得洛阳更加名闻天下，直到今天，洛阳依然延续着它一年一度的牡丹花节。

唐奉先寺石窟和卢舍那佛

黄河奔流在中条山与秦岭余脉之间，东行至河南孟津。由这里离开黄河30公里，就是著名的"九朝古都"洛阳。洛阳坐落在黄河支流洛河河畔，因地处古洛水之阳而得名。洛河、伊河流域在远古时期就是原始先民们的重要活动地区，中国古代伏羲、女娲、黄帝、唐尧、虞舜、夏禹等神话，多传于这一带，炎黄会盟处就位于伊洛河入黄河的神都山下。这里也是夏人活动的中心区域。

最早在西周初年，辅助周成王的周公、召公在洛河河畔大规模地营建洛邑，分别建了王城和周城两座。公元前770年，周平王东迁后成为国都。从东周起，先后有东汉、曹魏、西晋、北魏、隋唐、后梁、后唐等9个朝代建都于此。以洛阳城为都将近千年，仅次于西安，是中国历史上第二个建都时间最长的城市。

周公

周公(公元前1179年～公元前1110年)，姓姬名旦，是周文王的第四个儿子，周武王的弟弟。周公一生经历了文王、武王、成王三代，政绩赫赫，他与洛阳有很深的渊源。周公是西周王朝的开国元勋。武王克商后，为了平定殷商遗族，周公提出以殷人治殷人、就地安置、分化瓦解、以恩威并举之法而平服，当时大量殷遗族被迁移到洛邑，周也在洛邑驻屯大军，那时洛邑已是一个军事重镇，有"洛师"之称。之后，随着殷纣王之子武庚的叛乱，周公亲自率兵历经三年，平定了叛乱。其间，周公深刻认识到西周的京都镐京（长安）远离殷民居地，对其监管难

免鞭长莫及。为加强对中原地区及四方的控制，就在原来的洛邑建设东都成周，这也是实现了武王生前为平定殷贵族主张营建洛邑为东都的遗愿。成周建成后，成王下令把武王从殷都搬来的象征王权的九鼎挪到洛邑，史称“成王定鼎于郏”，郏即洛邑。这样东都成周与西都镐京，都是西周的都城，同设两个都城以加强中央集权的统治，是中国政治史上的创举。直至周平王于前770年将国都从镐京正式东迁洛邑，建立东周王朝。

正是在洛阳，周公完成“制礼作乐”，为新统一的王朝制定了一套典章制度。周公的思想影响中国封建社会长达两千余年，孔子特别仰慕周公，孔子的学说也多来源于周公的礼乐之制。孔子曾不远千里，从当时的鲁国到洛阳来求教周礼，迄今洛阳老城文庙内尚存有“孔子入周问礼乐至此”碑一块。另外，被称为“群经之首”、“大道之源”的《周易》一书也倾注了周公的心血，他在其父文王所作《周易》八卦的基础上作《周易》的爻辞部分。周公与洛阳的渊源，从一个方面也召示了洛阳在黄河文化中的重要地位。

洛阳城东的白马寺号称“中国第一古刹”，是佛教传入中国后第一所官办寺院，建于东汉明帝永平十一年(公元68年)，已经有1900多年的历史。从白马寺开始，中国僧院便泛称为寺，白马寺也因此被认为是中国佛教的发源地。在洛阳白马寺东200余米处，还有一座佛教传入中国后所建的第一座佛舍利塔——齐云塔，它创建于白马寺建成后的第二年，至今也有近两千年的历史。北魏佛教盛行，公元494年，北魏孝文帝拓跋宏迁都洛阳之后，佛寺大量增加。杨衒之所著《洛阳伽蓝记》，就是描写北魏洛阳佛寺的，“伽蓝”意为僧侣居住的园林，亦即寺院。全书共记载了44个大寺，47个小寺，连同没有记载的洛阳城内及四邻佛寺据说多达1367所。驰名中外的龙门石窟，开凿于北魏孝文帝太和二年（公元478年）。龙门石窟位于洛阳城南12公里处，石窟密布于伊水两岸长达1公里的山崖上，它同甘肃敦煌莫高窟、山西大同云冈石窟并称为中国三大石窟艺术宝库。石窟起于北魏，后经历代续建，直至北宋，现存佛像达10万金尊，窟龛2300多个，其中北魏洞窟约占30%。龙门是一个风景秀丽的地方，这里有东、西两座青山对峙，伊水缓缓北流。远远望去，犹如一座天然门阙，所以古称“伊阙”。唐诗人白居易曾说过：“洛阳四郊山水之胜，龙门首焉。”

齐云塔。登塔顶举目远眺，邙山洛水，尽收眼底，洛阳古城，一览无余

东汉以来，关中地区的农业经济在全国的重要性便日益下降，加上关中适宜农耕的土地面积有限，随着人口的增殖，统治机构的膨胀，粮食供应成为长安的一大难题。洛阳所在的关东地区的经济条件要优于长安所在的关中地区。关东地区的主体部分是黄河下游的华北平原，其西端的三河(河南、河内、河东)地区为伊、洛、河、济四水交汇处，自古以来农业就很发达，被认为是“天下之中”，素有“九州腹地”之称。隋唐时期，洛阳还是全国水陆交通网络的中心，隋开凿大运河，便把洛阳纳入运河水系，并使之居于中枢地位。从洛阳往西域去的丝绸之路和由岭南道过大庾岭至扬州入运河进洛阳的商路，使洛阳发展成为一个国际性的商业大都会。到了唐朝，洛阳更被武则天称为“神都”。

唐初实行两京制，洛阳为东京。因其风景秀丽，生活便利，许多京官在洛阳都有自己的宅居。唐太宗李世民虽居长安却时常到洛阳宫生活。当时武则天只是唐太宗的一个才人，武则天并州文水（今山西文水东）人，14岁就进宫服侍太宗。唐太宗死后，高宗继位。高宗早就看中了武则天，在他继位第二年，就把武则天从尼姑庵里接出来，封她为昭仪（妃嫔的称号)，并于公元655年又废了原来的皇后，立武则天做皇后。唐高宗李治带着武后来到洛阳宫，在这里住了下来，并于公元657年宣布洛阳为东都。此后高宗称“天皇”，武后称“天后”，宫中称为“二圣”，两人频繁往返于两都之间，以住洛阳为主，直至高宗在洛阳病死。

公元684年，武则天将东都洛阳改称神都，公元690年武则天更“革唐命”，自称“圣神皇帝”，改国号为“周”，建都神都。武则天是中国历史上唯一的女皇帝。武则天做皇后28年，皇太后7年，后又直接做皇帝15年，虽素有恐怖政治、私生活淫乱的不仁不正的名声，但她在不同名义之下掌理朝政半个世纪，其影响之所及，与历代帝王最有流风余韵的相比，并无逊色。她称帝后，大开科举，破格用人，奖励农桑，发展经济，知人善任，容人纳谏。其间，社会稳定，经济发展，洛阳城也迎来最为鼎盛的时期。

唐朝通过丝绸之路，把众多的城市，包括洛阳与中亚、西亚和欧洲、非洲等国家和地区连接起来。在洛阳城的西域商人积累了大量财富，洛阳城也有了大量的从事商业活动的人员，并且出现了大量的酒楼和旅馆。当时，洛阳已有南市、北市之分，北市多为贫民聚居之地。胡人多数居住在北市和南市周围的一些坊里。

武后行从图（局部）

武则天把洛阳视为福地，称之“神都”，她正是以“河图洛书”的神秘安排，“万岁通天”的伪作神话，从太后登上皇帝宝座的。武则天尚为太后时，武承嗣在洛水的石头上伪造刻辞，以诱导太后称帝。武承嗣派人将石头奉献太后，太后如获至宝，称为“宝图”。接着汜水人又进献吉祥的石头，太后为感谢上苍赐予之恩，在洛阳南郊祭祀天帝。由此，太后自称圣母神皇，制作圣母神皇玺印，改称“宝图”为“天授圣图”，改称洛水为永昌水，将汜水改为广武县。太后亲自拜洛水，接受“天授圣图”，为称帝做好了舆论准备。直到公元690年，武则天成为中国历史上唯一的女皇帝。

武则天崇尚佛教。唐代开窟造像在唐高宗和武则天时期就达到了鼎盛。现在龙门石窟约占60%出自唐代。虽然石窟造像属于佛教艺术，但它跟政治紧密相连。从龙门许多唐代石刻造像中，还可以窥见武则天一步步走上女皇宝座的踪迹。

龙门石窟远景

近影卢舍那大佛。她已经成为龙门石窟的象征

奉先寺开凿于武则天被唐高宗李治册封为皇后的永徽六年(公元655年)，完成于上元二年(公元675年)。大佛龛南北33米，东西39米，9米宽的三道阶，规模之大居龙门石窟首位。其中的卢舍那大佛高17.14米，头部高4米，耳1.9米，是世界雕刻史上的经典之作。卢舍那是梵文“光明遍照”的意思。在佛经中，卢舍那是佛在显示美德时的一种理想化身，当地更是传说卢舍那大佛就是武则天的化身。奉先寺大佛那端庄的面容，美丽的形态，永远的微笑，西方学者称其为“东方的蒙娜丽莎”、“中国的维纳斯”。而万佛洞完工于唐高宗永隆元年(公元680年)，是专为唐高宗、武则天做“功德”而开凿的功德窟。

公元685年，武则天扩修白马寺，大兴土木，广修殿堂高阁。寺内僧人多达千名，寺门前是高大的石牌坊，出门直抵洛河北岸，寺

白马寺

周围河水环绕，寺内殿阁辉煌，殿堂周围回廊环护，偏院内栽满梅、兰、竹、菊、杨、柳、梧桐，从而为白马寺奠定了鼎盛基础。她还下旨由她宠爱的薛怀义任白马寺住持，既表现她对白马寺与佛道的重视，也可以让薛怀义以出家人的名义入幸禁中。

历史的机缘还将武则天与洛阳牡丹联系了起来。

关于洛阳牡丹曾有这样一个传说。牡丹花本来以都城长安种植为多，在一个隆冬时节，武则天写下诏信令：

明朝游上苑，火急报春知。

花须连夜发，莫待晓风吹。

洛阳牡丹

到次日凌晨，百花不敢抗旨，破例盛开，而只有牡丹不放。武则天大怒，随即把它们贬至洛阳。谁知牡丹一到洛阳，居然竞相怒放。武则天下令用火来烧，但是枝干虽烧焦了，在第二年春天却开得更为夺目。传说真假无从考证，但"唯有牡丹真国色，花开时节动京城!"唐代大诗人刘禹锡的传世名句正是对洛阳牡丹的绝妙记述。洛阳牡丹种植始于隋，而盛于唐，"甲天下"于宋，难道"花王"牡丹盛极洛阳真与武则天的一怒有关？！当然，这只是传说而已了。

在公元705年，宰相张柬之乘武则天年老病危，拥立中宗李显复位，恢复大唐国号，尊武则天为"则天大圣皇帝"，武则天被迫退位。同年冬天，武则天病死，享年82岁，遗诏"去帝号，称则天大圣皇后"，把政权还给了李氏家族，自己愿意以李家媳妇的身份与高宗合墓安葬。在她与高宗合葬的陵墓——陕西乾县乾陵前，立着一块无字碑，按武则天的遗言：自己的功过，由后人评说，所以不刻文字。李白把武则天列为唐朝"七圣"之一。706年10月，中宗李显迁都长安，重新开始了李唐统治。

武则天的无字碑

武则天死后，唐朝发生了一连串的宫廷事变。最后唐玄宗李隆基平定韦后乱政，做了唐朝的第七代皇帝，也开辟了唐朝的全盛时期，史称“开元盛世”。此后，安史之乱攻陷洛阳，战乱中宫室焚烧，坊市皆空。五代时梁、唐、晋以洛阳为都，到北宋末年金兵南下，洛阳城毁于战乱。金正大元年（1224年）以洛阳为中京，在隋唐洛阳城的东城旧基上筑新城，规模只有隋唐东都城的1／20。明洪武六年（1373年）在金元城基础上筑砖城，挖壕堑，其平面为正方形，边长1400米，四面各设一门，该城就是今天的洛阳老城了。

“诗仙”、“诗圣”笔下的大河

唐王朝统治中国长达290年，历经20多位皇帝。其间，从太宗李世民的“贞观之治”，到玄宗李隆基的“开元盛世”，使唐王朝的繁荣达到顶点。空前的国力给唐人以空前的魄力和博大的胸怀，造就了文化上的繁荣。“诗仙”李白、“诗圣”杜甫及白居易等大诗人层出不穷，达到了前无古人、后无来者的境界，人们常以“盛唐气象”来论定盛唐文学。唐代文学的辉煌成就，极大地丰富了黄河文化宝库。

李白诗意图

唐朝是中国封建社会最为强盛的时期。自建国之初，就采取了较开明的政策，太宗李世民一代，出现了五谷丰登、百姓安乐的“贞观之治”。过了半个多世纪，盛唐经济进一步发展，玄宗李隆基时期又出现了“开元盛世”，达到了繁荣的顶点。空前的国力给唐人以空前的魄力和博大的胸怀。英国学者威尔斯在对比欧洲中世纪与中国盛唐时，慨叹道“当西方人的心灵为神学所缠迷而处于蒙昧黑暗之中，中国人的思想是开放的，兼收并蓄而好探求的。”社会较高的开放性与自由度，自然也有了文化上的繁荣的景象。在高宗到武后初年，就出现了“以文章齐名天下”的“初唐四杰”，到“开元盛世”之后，更有李白、杜甫、白居易等诗仙、诗圣享誉天下，人们常以“盛唐气象”来论定盛唐文学，黄河亦是如此，可称之为“有盛唐气象的黄河”。

唐代文学家、哲学家韩愈，河南河阳人

唐代文学，是中国文学史上最为辉煌的时期；尤其是诗歌，更是达到了前无古人、后无来者的境界。自陈子昂和“初唐四杰”——王勃、杨炯、卢照邻和骆宾王始，唐朝著名诗人即层出不穷。盛唐时期的李白、杜甫、岑参、王维，中唐时期的李贺、韩愈、白居易，晚唐时期的李商隐、杜牧是其中的几个代表。他们的诗作风格各异，既有对神话世界的丰富想象，又有对现实生活的细致描写；既有激昂雄浑的边塞诗，亦有沉郁厚重的“诗史”，还有清新脱俗的田园诗。

唐代实行科举，进士一科尤其受人重视。考进士要考诗赋，诗做得好就有飞黄腾达的可能，读书人谁不想到这擂台上一试身手。流风所及，和尚、道士、宫女等有些文化修养的人，都敢大大方方站出来赋诗一首，有不少人甚至还留有诗集。据统计，全部唐诗，有作者3600多人，诗55000多首。而且由于唐代刻版印刷术刚刚发明，印书还不是轻而易举的事，大量诗歌没有流传下来。盛唐重要诗人王之涣，只留下了六首诗，整个唐诗流失的数字就更难以想象了。

盛世造就的士人的进取精神、开阔胸怀、恢宏气度，极大地丰富了文学的创造力，也给文学带来了昂扬的精神风貌。唐代士人，在入仕之前，多有漫游的经历。漫游的处所，一是名山大川，一是通都大邑，此外还有边塞，这些都极大地拓展了文学的题材，丰富了唐文学的表现领域。唐代以黄河为题材的诗词，更是场面宏大，气势磅礴，产生了大量流传百世的著名诗句。

我国人民比较明确地认识黄河及源头还是在唐代以后。因为唐代起，中原人民同边疆少数民族之间的联系大大加强，特别同居住在青藏高原上的吐蕃之间的往来日益频繁，而黄河源头是古代通往西藏高原的交通要道。据记载，唐代贞观年间，大将李靖、侯君集、李道宗等，曾“次星宿川，达柏海上，望积石山，览观河源。”贞观十五年，文成公主嫁往西藏，吐蕃王松赞干布在河源亲迎。公元821年，唐使刘元鼎出使吐蕃，还曾专门考察过黄河源。至此，人们对黄河源头已有相当的认识。

“河源发昆仑，连乾复浸坤。波浑经雁塞，声震自龙门。岸裂新冲势，滩余旧落痕。横沟通海上，远色尽山根。”这是唐太宗李世民盛赞黄河的一首五言诗。

唐代许多诗人写下众多的边塞诗，其中有生动描绘黄河上源及流域边塞奇异风光的，也有表现将士昂扬斗志、安边报国精神的，还有描写黄河流域边塞人民生活习俗的。在诗人的笔下，构筑出史诗般的黄河的壮丽篇章，成为黄河文化的珍品，在黄河文化中占有重要地位。

王之涣，晋阳（今山西太原市）人。开元初，任冀州衡水县主簿，被人诬陷，弃官而去。在王之涣流传下来的六首诗歌中，有两首是写黄河的，而且成为千古名句。“黄河远上白云间，一片孤城万仞山。羌笛何须怨杨柳，春风不度玉门关。”在这首《凉州词》中，作者面对山河辽阔的边地和戍守者孤寂的吹奏与哀怨，不禁感慨春风是从来难以到玉门关外的，又何必怨杨柳的不绿呢？边塞风光的壮阔、雄奇与面对荒凉的慷慨跃然其间。还有《登鹳鹊楼》中的“白日依山尽，黄河入海流。欲穷千里目，更上一层楼。”落日、大河，以及更高、更远的畅想，在对河山的赞美里，充满蓬勃向上的力量。

王维，唐蒲州(今山西永济县)人，和李白同时代人。他的不少诗作描绘了黄河流域边塞风光与战事。如《使至塞上》描写居延(今甘肃张掖西北)的雄奇景色；《出塞作》描写了边塞的战事；《陇西行》描写了边塞紧急的军情等。王维的山水、田园诗尤具特色。一首《渭川田家》“斜光照墟落，穷巷牛羊归。野老念牧童，倚仗候荆扉……”一幅渭水边的田园风光和初夏傍晚农家平凡的生活画面跃然纸上。

描写黄河最不朽的诗作名句当属“诗仙”李白了。李白祖籍陇西成纪(今甘肃天水县附近)，先代于隋末流徙。公元701年李白出生在唐朝安西都护府的碎叶城，这一年，武则天已经做了11年的皇帝，国家安定富足。他的一生，绝大部分在漫游中度过，几乎游遍了黄河中下游和整个长江流域的各个地区。24岁时，李白开始了向诗坛的进军。后经道士吴筠的推荐，被召至长安，供奉翰林。文章风采，名动一时，颇为玄宗所赏识。后因不能见容于权贵，在京仅3年，就弃官而去，仍然继续他那飘荡四方的流浪生活。

李白的诗歌创作带有强烈的主观色彩，主要表现为侧重抒写豪迈气概和激昂情怀，很少对客观物象和具体事件做细致的描述。李白作诗，常以奔放的气势贯穿，讲究纵横驰骋，一气呵成，具有以气夺人的特点。"黄河西来决昆仑，咆哮万里触龙门"（《公无渡河》）；"巨灵咆哮劈两山，洪波喷流射东海"（《西岳云台歌送丹丘子》）；"黄河落天走东海，万里写入胸怀间"（《赠裴十四》）；都是歌唱黄河的著名诗句。"黄河之水天上来，奔流到海不复回" 更是脍炙人口的千古名句，那昂扬、壮阔的气势，让人仿佛看到了大河的惊涛骇浪，听到那奔腾咆哮的涛声。李白的这首《将进酒》写于公元752年，当时的李白政治上受到排挤，常常借酒发泄积郁。这诗句就是李白在嵩山友人处作客饮酒时，借酒兴诗，写下的愤世疾俗的著名诗篇中

李白邀月图

的名句。从李白这些气势磅礴歌咏黄河的诗句里，可以体会到他独特的艺术个性及其非凡的气魄和生命激情。李白的诗词充分体现了盛唐诗歌蓬勃向上的时代精神。

比李白小12岁的杜甫是唐代诗坛又一个耀眼的巨星，河南巩县人，后人称之为“诗圣”。杜甫与李白两位伟大诗人的友谊在我国诗坛上传为佳话。杜甫30多岁的时候，在洛阳遇见了李白，他们饮酒赋诗，相见甚欢。杜甫用“醉眠秋共被，携手日同行”的诗句来形容他们的这段交往。

杜甫是一位集大成的诗人，他身上集中了中国文化传统里的一些最重要的品质，即仁民爱物、忧国忧民的情怀。杜甫是由盛唐转入中唐的代表，他从忠君爱国的立场出发，痛斥祸乱，关心人民。在他的诗里，我们可以感受到与屈原相似的深沉忧思；在诗歌领域，杜诗集先秦、六朝乃至盛唐诗歌之大成，对后来的诗人产生了重大影响。杜甫在诗歌创作中大量使用叙述手法，既叙事件经过，又用力于细部描写，同时还融入了强烈的抒情，从而把叙事手法发展到一个新的高峰。许多重要的历史事件，在他的诗中都有反映，他的诗被后人称为“诗史”。但杜甫在唐代诗名并不大，到了宋

杜甫像

代他才变得诗名赫赫，到明、清时期，他才被尊为诗圣。

由于人类开发活动的加剧，过度采伐森林，致使生态系统紊乱，黄河中游地区水土严重流失，河道壅塞。到了唐代，黄河水患的记载明显增加，特别是唐代中期以后，黄河中下游决口泛滥十分频繁。杜甫的弟弟杜颖曾在黄河下游南岸的临邑分理河务。一次接到弟弟书信中谈到山东临邑发生黄河水灾，杜甫写下五言诗一首安慰其弟，诗中写道："二仪积风雨，百谷漏波涛。闻道洪河坼，遥连沧海高。职思忧悄悄，郡国诉嗷嗷。舍弟卑栖邑，防川领簿曹。……倚赖天涯钓，犹能掣巨鳌。"形象地描述了黄河泛滥、官忧民愁的惨状，表达了对治水的兄弟的关心之心，抒发了诗人对百姓的深切同情。

黄河流域有着众多的名山奇峰，也都是诗人们借以抒怀描绘的对象。五岳独尊的泰山当然最为人们向往和景仰。李白的《游泰山》、杜甫的《望岳》都把泰山的雄奇、壮丽描写殆尽。杜甫的《望岳》可谓人所共知的泰山绝唱："岱宗夫如何？齐鲁青未了，造化钟神秀，阴阳割昏晓。荡胸生层云，决眦入归鸟。会当凌绝顶，一览众山小。"岱指泰山，因居五岳之首，故为岱宗。诗歌把泰山的巍峨高峻、苍翠山色，以及它所显现的大自然的神奇和秀美抒发得淋漓尽致，特别是"会当凌绝顶，一览众山小"，这两句富有象征意义与哲理性的诗句，千百年来一直为人们所传诵。

出生于晚唐的大诗人白居易，祖籍太原，五六岁学作诗。唐贞元三年，16岁的白居易，就写下了《赋得古原草送别》："离离原上草，一岁一枯荣。野火烧不尽，春风吹又生。远芳侵古道，晴翠接荒城。又送王孙去，萋萋满别情。"诗中以萋萋青草寄寓送别深情，不仅想象别致、情味隽永，而且其中"野火烧不尽，春风吹又生"成为流传千古、脍炙人口的佳句。白居易一生写下了大量的诗歌和文章，流传到现在的诗歌有2800多首，散文800多篇，这在唐代是首屈一指的了。其中有不少写黄河流域风情的佳作。如写洛河景色的《天津桥》，写田园景色的《村夜》等，特别是在唐宪宗元和元年(公元806年)12月，白居易与友人同游陕西周至仙游寺时，写出长诗《长恨歌》，叙述了唐玄宗和杨贵妃的爱情悲剧，其艺术成就达到极高的境界。

白居易

和白居易同年出生的晚唐诗人刘禹锡，河南省洛阳市人。他写下的《浪淘沙》："九曲黄河万里沙，浪淘风簸自天涯。如今直上银河去，同到牵牛织女家。"不仅写出了黄河巨浪滔天的气势，也从诗中看到诗人寄托着的对黄河的深情。

唐代还有众多写不尽的诗作、诗人和文学作品，从黄河中下游的中原地区到上游的边塞自然与社会生活，都极大地丰富了黄河文化宝库，在中国古代文学作品中有特殊的重要地位。

陕西周至仙游寺全景，白居易正是在这里一气呵成，写就了《长恨歌》

陈桥驿兵变与宋太祖“以文治国”

唐王朝大一统的局面随着它末年的腐朽堕落而走向终结。各地新老军阀乘镇压或叛变农民起义军之机，纷纷扩张势力，称雄一方；安史之乱，宦官专权，藩镇割据；还有农民起义，都加速了唐王朝的灭亡。之后，历史进入五代十国时期，中国再度陷入分裂混乱的局面。直到公元960年，赵匡胤陈桥兵变，建立北宋，开始了中国历史上以“文治”著称的时期。

《雪夜访普图》图中描绘宋太祖雪夜访问宰相赵普

唐朝的繁荣强大，在唐太宗时代达到了顶点，但也从这时起，唐朝开始衰落。唐玄宗是个半明半昏的皇帝。在他统治的44年里，前期出现了开元盛世，后期发生了安史之乱。安史之乱加速了这种由盛到衰的进程。直到在马嵬驿之变中，痛失宠妃，杨贵妃被赐死，玄宗惶惶之中逃向成都，失掉皇位。安史之乱后，历经几代皇帝，或昏庸，或宦官专政，都没有从根本上改变朝政混乱的局面。公元875年黄巢起义爆发，唐朝再度分裂，并于907年灭亡。此后的50多年里，后梁、后唐、后晋、后汉、后周五个朝代相继统治黄河流域，合称“五代”(公元907～960年)。同时期，在南方各地先后出现九个割据政权，加上山西的北汉，总称“十国”。公元960年，后周大将赵匡胤在陈桥驿(今河南开封东北封丘县内)发动兵变。

宋太祖赵匡胤

赵匡胤，生于洛阳夹马营。他曾随后周的创建者周世宗南征北战，立下不少战功。周世宗死后，由其7岁幼子继位。公元960年，边境传来急报，说北汉和辽朝将要联合进攻后周，身为后周大将的赵匡胤被派出征抵御。当大军行至离京城10公里的陈桥驿时，随他一起出征的弟弟赵匡义和亲信赵普，发动将士策划兵变，推举他做皇帝。赵匡胤还来不及回应，众将就把准备好的黄袍披在他身上，然后一齐下拜，高呼“万岁”，这就是“陈桥兵变，黄袍加身”的故事。赵匡胤回师开封，废掉后周小皇帝，建立宋朝，定都在开封，历史上称为北宋(公元960～1127年)。赵匡胤就是宋太祖。就这样，没有经过流血而在黄河岸边又迎来了一个新王朝的诞生，这在中国历史上也是不多见的。偶然的机会也让陈桥驿“一夜成名”。因为是“龙兴之地”，北宋时陈桥驿地位显赫，不再单纯是一个交通驿站，而成为宋朝皇族宗室经常活动的场所，是护卫京都开封的名镇之一，也是宋文化的源头。

陈桥驿兵变遗址(左) 陈桥镇(右)，位于河南省开封东北封丘县城南1.5公里处，南临黄河，距开封仅3.5公里

随着北宋王朝的建立，中晚唐、五代藩镇割据的混乱局面结束。赵匡胤是一位有作为的帝王，他重视农业生产，注重兴修水利，减轻徭役，促进了社会经济的发展。但他偏重安内守外，重文轻武，这一方面使北宋文化极盛，成就卓著，一方面又使北宋王朝“积贫积弱”，国弱民贫，对此后的衰败甚至灭亡产生影响。

宋太祖赵匡胤虽是武将出身，却很喜欢读书。在他的鼓励下，宰相赵普也变得手不释卷。赵普文化水平并不高，但他作为宋太祖的主要谋士，为宋朝立下了不少大功。人们发现他常读的书不过是一部《论语》，于是就有了赵普以“半部《论语》治天下”的说法。也许因为赵匡胤有“陈桥兵变，黄袍加身”的亲历，他当了皇帝就定下了先安内而后攘外的宗旨，“守内虚外”，重在防范武夫悍将的叛乱及人民的反抗。他采纳宰相赵普的建议，施行“强干弱枝”的中央集权政策，大力削弱藩镇势力，防止藩镇割据，使中央的各项权力，如军、政、财、法等权都超越地方；同时，提倡“以文治国”，严禁武人干政。

越匡胤这一介武夫，却懂得“以马上得天下，安能以马上治之”的道理，确立了以文治国的基本国策。他的弟弟宋太宗赵匡义（后改赵光义）继位之后，也自称“朕无他好，但喜读书”。科举制度在宋朝得到大力提倡，成为不可逆转的趋势，占据选官制度的中心位置。“书中自有黄金屋”，“书中自有颜如玉”，是后人对宋真宗的概括，“万般皆下品，惟有读书高”相传也是出自北宋的村塾《神童诗》，汪洙之头一首。过去孤寒之士难以入朝为官，如今则清除此弊，谁能平步青云，便全靠自己的本事了。唐代年平均录取进士不过20多人，而两宋时期每年都有140多人金榜题名。由于读书人踊跃投向入仕之路，所以宋代学校教育异常发达。京师设有国子学、太学，另外有专业性很强的武学、律学、算学、画学、书学、医学。宋仁宗以后，鼓励各州县兴办学校，至宋徽宗时期，全国由官府负担食宿的州县学生人数达到十五六万人，这种情况在当时世界上是绝无仅有的。除了官办学校外，私人讲学授徒亦蔚然成风，其中以书院的兴盛最为引人注目。闻名全国的有湖南衡阳石鼓山的石鼓书院，长沙岳麓山的岳麓书院，江西庐山的白鹿洞书院，河南商丘的应天书院、河南登封太室山南的嵩阳书院等。书院通常是由士大夫所建，学校环境较为宽松，除正统的儒家学说外，其他各种学术均可以讲授，从而活跃了师生的思想，推动了学术的繁荣和进步。教育的普及，既是宋代文化高度发展的重要标志，也是宋代文化取得重大成就的主要原因。

宋太祖的以文治国之风一直延续下来，宋朝“三百年来待士大

武学习武图。北宋神宗时，健全了武学制度，每年招收武生，教习兵法，演练武术，3年后考试，按等第授官

夫以礼”，从中央到地方文风大盛。宋代成为中国历史上自春秋战国以来第二个学术自由的时期，是我国传统文化发展的巅峰时代。哲学、伦理、教育、科学、文学、艺术、医学、工艺可谓是百花齐放，并且达到前所未有的高度。学术上理学使儒学真正哲学化；史学硕果累累；宋词别具一格，堪称一绝；古文、通俗文学及戏剧说唱艺术也发展迅速。印刷、火药、指南针三大发明的完成和发展是北宋时期科技飞跃的显著标志。

宋代在科学技术方面所取得的成就之大、之高，在中国历史上是罕有的。火药、活字印刷和指南针，就诞生于这一时期。三大发明改变了整个世界文明的发展进程。印刷术被称为“文明之母”，火药的发明又推动了火箭、突火枪、火炮、地雷等兵器的革命，磁性指南针大约在13世纪先后传入亚、欧各国，促进了航海事业的发展。除此之外，这一时期中国人还在许多方面也取得了成功。煤炭的广泛使用；实施水稻的双季栽植；茶叶种植面积扩大；棉花成为普及性农作物；算盘开始应用，从此成为东亚商人的主要计算工具。在天文领域，也取得了辉煌成就。北宋中期，杨忠辅制定《统天历》，以365.2425日为一年，这个数字与西方1582年颁布公历时的数据完全相同，却早于西方半个多世纪，比现代天文学所测数值只差26秒。

北宋民间艺人毕昇像，他创造了活字印刷术

在生物学和医学领域，也是成就卓著。政府出面编辑刻印了很多医学典籍，而且要求各州县加以推广应用。其中《太平圣惠方》100卷，收录中药处方16834个，《圣济录》200卷，是医学上的一部百科全书，收集了诊断、处方、审脉、用药、针灸等各方面的理论和实践成果。《政和本草》共介绍各种药材1558种，是一部完备的药物学著作。南宋时期的宋慈收录并总结了前人的法医知识，创作出《洗冤集录》一书，是世界上最早的一部法医学著作。

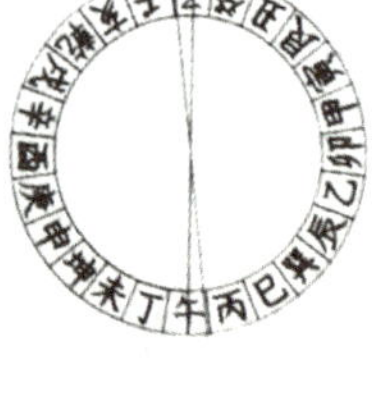

缕悬法指南针，北宋时期4种指南针之一

程朱理学与宋人艺趣

宋代的国力，较之同时的少数民族王朝，较之前代的大一统的汉唐，无疑是比较“懦弱”的，但在思想上、文艺上却盛开了更加灿烂的花朵。程朱理学便是宋代思想的集中反映。理学后来续有发展，成为中国封建社会后期占统治地位的意识形态。理学在思想上，俘获了后来的蒙、汉、满君主。这其中所蕴涵的玄机，无疑耐人寻味之至。此外，宋代词学、讲史、戏曲等文艺活动也都在历史上留下了永恒的印记。

宋徽宗赵佶《听琴图》

程朱理学是宋代兴起的一个思想派别。北宋理学家程颢、程颐综合体察儒、佛、道三家经典的义理而创立理学又叫道学。二程把“理”或“天理”视做哲学的最高范畴，把“道”（或理）描绘成一种绝对精神，无所不在，不生不灭，不仅是世界的本原，也是社会生活的最高准则，特别强调人的伦理道德的锻炼和提高。南宋时，朱熹继承和发展了二程思想，建立了一个完整而精致的客观唯心主义思想体系，是理学的集大成者，后人把二程理学与朱熹道学合称之为“程朱理学”。程朱理学讨论的问题主要是“性与天道为中心的哲学，认为太极是宇宙的根本和本体，太极之理是一切理的综合，至善至美，超越时空，是“万善”的道德标准。在人性论上，认为人有“天命之性”和“气质之性”，前者源于太极之理，是绝对的善；后者则有清浊之分，善恶之别。人们应该通过“居敬”、“穷理”来变化气质。朱熹还把理推及人类社会历史，认为“三纲五常”都是理的“流行”，人们应当“去人欲，存天理”，自觉遵守“三纲五常”的封建道德规范。宋元明清时期，历代统治者多将二程和朱熹的理学思想扶为官方统治思想，程朱理学也因此成为人们日常言行的是非标准和识理践履的主要内容。

宋朝重士，高薪养仕，读书人得到社会空前的尊重，也使入仕者不再以身家为虑，所以太宗、真宗、仁宗、英宗诸朝名臣辈出，诸如寇准、范仲淹、欧阳修、沈括、司马光、王安石、苏轼、苏辙等，他们不仅是名臣，其中不乏文人、大家。沈括的《梦溪笔谈》、司马光的《资治通鉴》分别成为不可多得的、最有价值的百科全书和史学名著。著名文学家欧阳修不仅倡导改革文风，开创内容充实、朴素无华的文风，而且注重发现人才。经过他的赏识和推荐，不少成为名家，其中最出名的曾巩、王安石、苏洵和他的儿子苏轼、苏辙，

王安石画像

在文学史上，人们把他们6个人和唐代的韩愈、柳宗元合称“唐宋八大家”。北宋著名政治家王安石以主持变法而著名。他不仅政治才能突出，而且读书广博，文采甚佳。王安石《黄河》中的诗句：“派出昆仑五色流，一支黄浊贯中州。吹沙走浪几千里，转侧尾闾无处求。”寥寥数语，道出黄河从源流到入海的磅礴气势。

宋代文学艺术继唐代之后，更加丰富多彩。各种文艺形式，诸如散文、诗、词、绘画、书法、雕塑、“说话”、诸宫调、宋杂剧、南戏等的兴起、革新与发展，使宋代的文学艺术呈现出一派繁荣瑰丽的景象。宋词与唐诗齐名，是宋代文学之精华，词风典雅细腻，名家辈出。宋朝帝王太宗、徽宗、高宗及大臣寇准、韩琦、司马光、范仲淹、欧阳修皆善作词，宋词名家还有苏轼、秦观、李清照、周邦彦、辛弃疾、陆游等。苏轼冲破词专写男女恋情、离愁别绪的境界，开创了豪放词派。南宋著名爱国词人辛弃疾，在苏轼豪放派词风基础上高度发展，充溢着爱国主义的激情。北宋末南宋初的著名女词人李清照，独树一帜，散文、诗篇不乏佳作，实为古代最有成就的女作家。北宋著名的政治家、军事家、文学家范仲淹在《岳阳楼记》中写下了“先

苏轼画像

天下之忧而忧，后天下之乐而乐”的千古名句。

李清照

范仲淹（左）与司马光（右）

宋代的绘画艺术也较前代有较大发展。宋代晚期皇帝徽宗赵佶虽然做皇帝不怎么样，但他对中国绘画艺术的巨大贡献却不可否认。他是一位天赋极深的绘画爱好者，又是造诣很深的画家；他还是宋代绘画领域的组织者和主要资助者。由于这一渊源，在宋代宫廷之内，集中了一大批杰出的画家。徽宗本人的花鸟，皆卓绝于世。即使以现在的艺术眼光审视他们的艺术水平，也可以说前无古人。北宋后期以苏轼、米芾为代表的文人画家，则创造了画意不画形的疏放画风，借疏放简洁的笔墨以写实手段表现自然情境和生活气息，通过山水画来表现自己的意趣，从而开启了元、明、清的文人画活动。

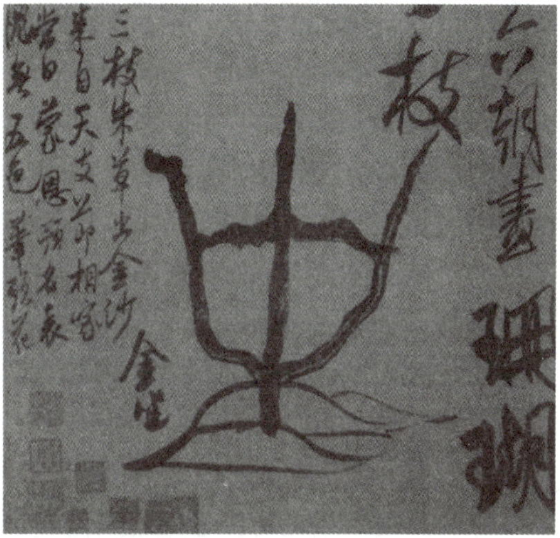
北宋米芾的《珊瑚笔架图》

宋代还有一最辉煌的美术工艺，为历朝所不及者，就是瓷器。功底深厚的宋代文化，统治者的自身的文化素养及价值取向，使凝聚在宋瓷上的文化艺术空前绝后。在唐代“南青北白”的基础上，宋代又涌现了汝、官、哥、钧、定，以及龙泉、景德、耀州、磁州等许多名窑。特别是南方青瓷，在制釉技术上更有多项创新，许多品种都具强烈的玉质感。其中以宋官窑（窑址在今杭州一带）代表典型的御用瓷，其釉色平淡含蓄，素雅之中表现着内心的意蕴。后世把宋代五大名窑称为“千古绝唱”。五大名窑中三大名窟汝窑（今河南汝州)、钧窑(今河南禹县)、定窑(今河北曲阳县，过去属古定州)，均在黄河流域。宋瓷是精美艺术与精确工艺最完美的结合，许多工艺水平即使现代都难达到，宋朝的瓷器是如此的精美，可以说宋朝遗留下的官办瓷器几乎都价值连城。自宋代以后，历代文人墨客及古玩爱好者对宋代官窑津津乐道，撰文著书者众多，但历史上能够亲眼目睹并真正鉴赏宋代官窑真面目的人少之又少。对宋官窑的研究也就成了中国古陶瓷学术研究中最为热门的课题之一。

北宋耀州窑（位于今陕西铜川市、宋代隶属耀州）的青釉剔花倒装壶，是宋代瓷器精品的一个代表作

北宋钧窑天蓝釉炉，钧窑始烧于北宋

喧嚣繁华《清明上河图》

今天的开封，只是一个普通的中等城市，但在1000年前，却是位居黄河边上的世界上最重要的城市。开封是11世纪宋朝的都城，人口超过百万。当时的开封非常繁华，各国商贾云集，俨然一个国际大都会。北宋画家张择端的《清明上河图》，展现的正是北宋都城东京城在清明时节汴河两岸无比繁华的市井生活画卷：稠密的茶楼酒肆、店铺馆阁，繁忙的汴河船只千帆竞发，忙碌而情态各异的居民喧闹生活，还有古雅的拱桥，依依的杨柳……把中国古代一幅弥足珍贵的社会风俗画面定格在历史的瞬间，成为中国历史上繁华生活永恒的留影。

《清明上河图》中繁忙的汴河

开封在漫长的历史中，使用过很多名称。有正式历史记载的开封城市出现是在春秋时期郑庄公(公元前743～前701年)时代，名“启封”，与启封隔逢泽（沼泽地）相望的是卫国边境小城邑“浚”，它就是今日开封的前身。公元前364年，战国时期的魏惠王将都城由安邑（今山西省夏县西北）迁往浚邑，号称大梁。当时作为魏都的大梁规模已十分宏伟，有城门十二，东门夷门最为有名，后世也有以夷门代指开封。南北朝时，先有东魏在开封地区设立梁州，后在北周改梁州为汴州，“以城临汴水，因以为名”。五代时，后梁在开封建“东都”，与西都洛阳对应，因都、京意同，亦称“东京”。汴梁也是东京开封的代称。北宋定都开封，也定名东京。

开封最为辉煌的时期，无疑是北宋时期，经过北宋九帝168年的营建，开封终于在11世纪至12世纪初，成为中国乃至世界上最大最繁华的城市。时任节度使的柴宗庆曾如此感叹开封的盛况：“曾观大海难为水，除去汴园总是村。”意指看过大海的广阔无边，就不会再被别的水体所吸引，感受过开封的宏伟壮丽，其他城市都只可

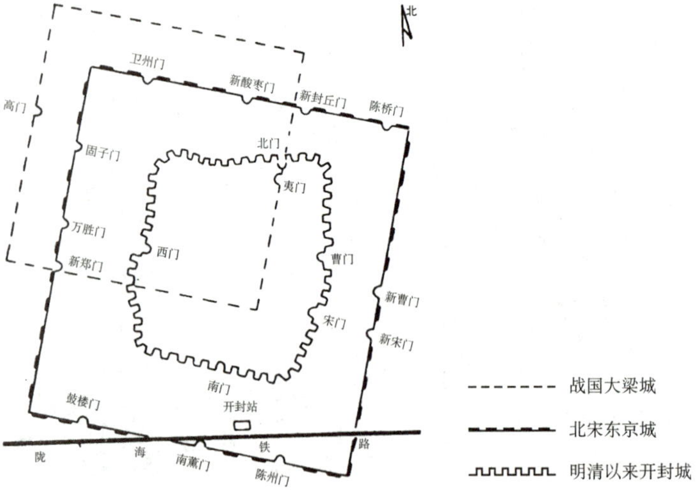

历代开封城址变迁图

谓一般的村落了。

东京开封处于黄河下游平原，周围平壤千里，无名山大川之限，从城市设防角度看，先天不足，明显具有易于受乱的弱点，原不是理想的国都所在。宋太祖赵匡胤深虑及此，对依山傍水的西京洛阳和长安始终萦绕于怀，总想寻找机会迁都洛阳，并想最终迁都长安。而群臣连同赵匡胤的弟弟晋王赵匡义都出来反对。晋王认为“在德不在险”，仁德是治国之本，只要大家齐心协力，何必依靠险要的地势呢！而更重要的理由是：东京有便利的漕运。到北宋建立时，由于连年战乱，关中经济已凋零不堪，长安、洛阳更是屡遭战争破坏。而原来较为落后的长江流域的经济获得了很快发展。每年从江淮运来成千上万的粮饷，京师数十万禁军靠的正是由南至北的漕运。而江南财赋运到开封较之运往洛阳、长安都要便利。华北平原的河流在开封附近呈南北分流，近郊河流湖泊四布。汴河、蔡河、五丈河、

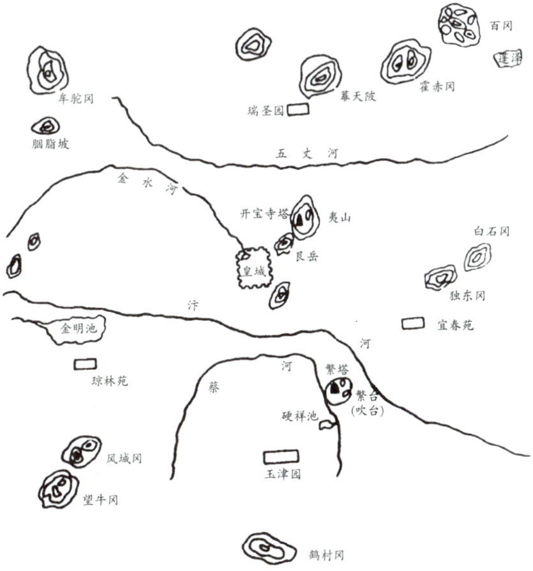

北宋东京附近地形复原想象图

金水河等形成一个庞大的水网，东京俨然一座水上城市，是全国水路交通的一个巨大枢纽，成为水道“四达之会”，漕运发达，给东京带来了勃勃生机。正因为如此，在宋代迁都之争虽然延续了七八十年，却都未成，其中重要的原因就是汴水与运河对于东京来说弥足珍贵。据史载，有一次吴越国王钱俶来向宋纳贡，送宋太祖一条珍贵的玉犀之带。太祖看后，风趣地说：“朕有三带，与此不同。”见钱俶不解，太祖笑道：“汴河一条，惠民河（与蔡河实为一条运河）一条，五丈河（后改为广济河）一条”（当时金水河归属于五丈河），这说明“东都三带”对北宋王朝的重要性。

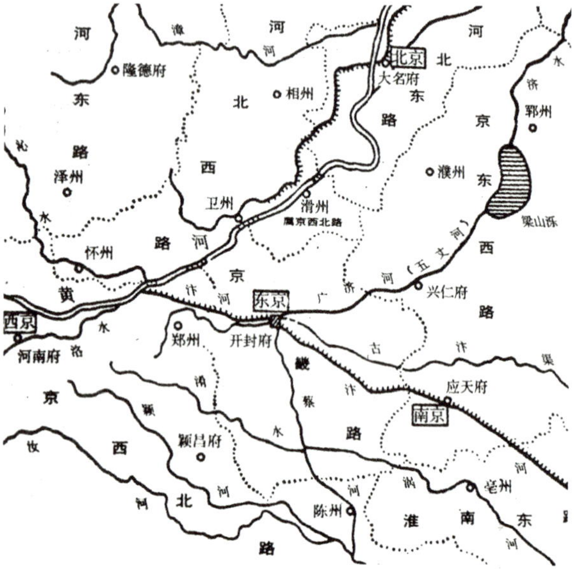

北宋开封环势略图

综观北宋时代，可以说对以汴河为主干的水运交通的倚重达到了无以复加的程度。《宋史·河渠志》说：“唯汴河横亘中国，首承大河(黄河)，漕引江湖，利尽南海，半天下之财赋，并山泽之百货，悉由此路而进。”因此，汴河也是北宋王朝的生命线。宋代的汴河，就是隋炀帝所开的通济渠。汴河是引黄河水为水源的，需要经常疏浚河道。冬季汴河要进行清淤，因此要停运4个月，而清明节是朝廷规定的漕运头船进入汴河的日子，北宋画家张择端的《清明上河图》，展现出的就是清明时分漕运船只进入汴水时的热闹景象，可谓千帆竞发，百舸争流。鼎盛时期的开封拥有人口约150万，日常消费的粮食、蔬菜、木材、燃料等大量物品，全都依赖穿城而过的汴河水运供给。作为开封城命脉的汴水，每年往返其上的漕船有3000

多艘，每年通过汴河漕运的江淮、湖、浙米粮达五六百万石之多，最多时达七八百万石。汴河在开封城市生活中的极端重要性，使张择端不惜用三分之一的画幅来精心描绘汴河的航运。

《清明上河图》之热闹的街市

《清明上河图》是我国古代一幅弥足珍贵的社会风俗生活长卷，它反映的是北宋都城东京在清明时节以虹桥为中心的汴河两岸百业兴盛的市井生活，以及当时的社会生活和城建格局，定格了历史的瞬间。画中呈现出稠密的茶楼酒肆、店铺馆阁、繁忙的船只、情态各异的居民，还有古雅的拱桥、依依的杨柳，反映了汴京当年的无比繁华。

当时的东京开封，城内大街小巷店铺林立，热闹非凡。城中有喧闹的夜市，而天还未亮，早市又活跃起来。还有定期的集市贸易。尤具特色的大相国寺，不但是著名的佛寺，还是大型的定期交易市场。

提到大相国寺，人们首先想到的就是水浒草莽英雄鲁智深吃肉喝酒、倒拔垂柳的故事。大相国寺创建于北齐天保六年(公元555年)，

开封大相国寺

相国寺所在的地方原为战国魏公子无忌——信陵君的故宅，故直到北宋时，这一带仍称“信陵坊”。后来毁于兵火，唐代又重建，北宋时期，是相国寺历史上最繁盛的时期了。太宗对相国寺进行了大规模的扩建，亲题匾额。全寺分64个禅院，占地540亩。寺内建筑豪华，壮丽绝伦。被誉为“金壁辉映，云霞失容”。北宋历代君主对大相国寺都特别崇奉，寺内各院住持和离职，都直接由皇帝决定，号称皇家寺院，名动天下。相国寺和其他远离尘世、幽邃凄清的佛寺最大的不同处，就是集端庄肃穆的佛寺和热闹熙攘的集市于一身。每逢庙会，远近四方的商人汇聚到这里，出售货物，买卖商品，还有各种杂技、戏曲表演，更增添了许多生动色彩。“修行何须山水间”，是大相国寺代代相传的法语。历届僧人正是在开封这个喧嚣与骚动的都市中大彻大悟，历练成得道高僧。

《清明上河图》之虹桥段

宋代并不过分强调以农为本，发展贸易是朝廷增加收入的主要来源。东京城是当时世界上最大、最繁华的大都市，其商业更是异常发达。据统计，当时已经有6400多家大中型工商业者，8000～9000家小商小贩。与此同时，宋代的海外贸易也是空前繁荣，与宋朝保持通商贸易的国家达到50多个。当时中国的商船不仅坚实耐用，而且船体庞大，大的海商所用的船可以容纳500～600人。更重要的是，出海的商人掌握了全世界最为先进的航海技术，其中最重要的是指南针应用于航海，从而使海外贸易得到了巨大发展。商业繁荣又拉动手工业与规模工业的发展。北宋时期就大量开采金、银、铜、铁、煤等矿藏，全国各地也出现了世界历史上最早的制造工厂和加工工厂，如造船厂、火器厂、造纸厂、印刷工厂、织布厂、各地的官窑等。南宋时的军器所工匠竟达七八千人。工商业的高度繁荣，促使国家采用纸币——交子，这也是世界上最早使用的纸币。宋仁宗天圣元年（1023年），正式由政府出面设立交子务。

宋代是一个极度繁华的朝代，中国当时的经济总量占世界的一半，财政收入超过一亿两白银。历史学家邓广铭曾指出：“两宋时期的物质文明和精神文明所达到的高度，在整个封建社会历史时期之内，可以说是空前绝后的。”而此时的黄河文明却由于北方经济的日趋衰落，开始走下坡路了。相对比较安定的南方，社会经济迅速得到发展。加上黄河的改道与战乱对开封造成的侵袭与威胁，开封城也就逐渐衰落。北宋以前，黄河对开封尚不构成威胁。1127年金灭亡北宋，并继续将战火引向南方。1128年，宋将杜充为阻止金兵南下，在滑县李固渡以西决河东流，黄河改道，由泗水入淮，流经开封境内，给开封带来灾难，开封从此不断受到黄河的侵袭。在以后的800多年间，黄河在开封境内决溢338次，使开封城15次被洪水围困，数次遭遇灭顶之灾。由于独特的地理位置和人们心目中无可比拟的重要地位，开封虽数次被毁，却基本上都是在旧城址上重建新城。经过最近20年的考古发掘，发现在古都开封地下3米至12米处，上下叠压着6座城池，其中包括3座国都、2座省城及1座中

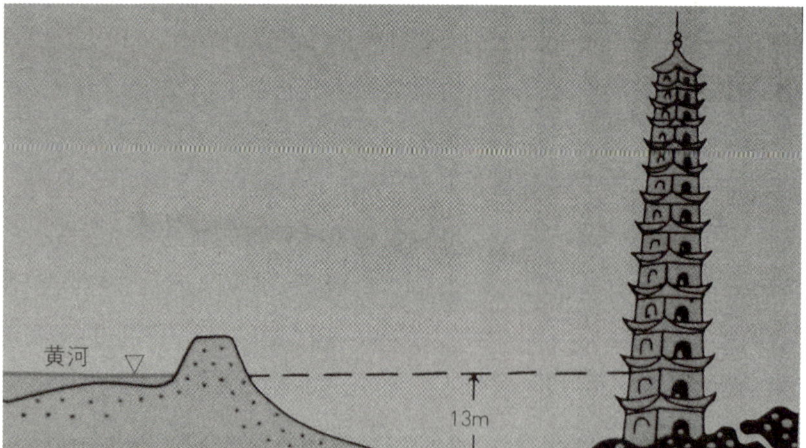

开封铁塔与黄河下游“悬河”比示图

原重镇，构成了“城摞城”的奇特景观。繁华的中山路是现在的开封市旧城的中轴线，其地下 8 米处，正是北宋东京城南北中轴线上的一条通衢大道——御街，中山路和御街之间，分别叠压着明代和清代的路面。从古代的都城到现代的城市，层层叠加起来的数座开封城，南北中轴线居然没有丝毫变动。

黄河的一次次吞噬，加之风、沙、兵火侵扰，作为一代雄城的北宋东京城逐渐被泥沙掩埋，从地面上消失了。开封从国都衰落到省城，进而成为一个地区性城市，一步步走向衰落。

今日开封、宋城一条街

牧马南下与大都神韵

中国历史继秦汉的统一、隋唐的统一之后，从元朝开始，经历明清，又走过了它的第三次统一的周期。这个周期，彻底奠定了现代中国的各种历史基础。所以，蒙古族建立的元朝，并非可有可无的时代。在其不到百年的统一时光里，它开拓了中国空前未有的疆域，它沟通了世界前所未有的交往——大都（今北京）就是这辉煌的朝代的最好见证。

明代北京宫城图

在中国封建王朝交替的过程中，宋朝之后统一中国的，是由蒙古人建立的元朝。在此之前，蒙古人先在漠北高原建立了自己的国家——大蒙古国。创立这一伟大功业的，就是“一代天骄”成吉思汗。自成吉思汗以来60多年间，以蒙古族为领导的争战完全实现了其统一中国的战略目标：地处西北的西夏亡了，盘踞北中国的金也亡了，偏安南中国的南宋小朝廷也亡了，1271年，元世祖忽必烈建国，国号元。在元统治的近百年间，中华民族的融合得到进一步的发展，中华帝国各地区之间的政治经济联系在更高的层次上得以整合，西藏从此由中央政府直接管辖就是其中最为突出的例子。

南下的牧马带来的不止是战争，战争过后仍然是潺潺流水般的生活。大都(今北京)的营建及其后继者的改扩建，就是这生活之流常在的最好见证。

公元前1045年，周武王封黄帝的后代于蓟，同时分封另一个诸侯于燕，这应是北京建城之年。蓟在北，燕在南。春秋时期，由于燕国势力的扩张，蓟成为燕国的都城，也就有了“燕京”之称，此名一直流传至今。蓟城城址，在今天北京广安门附近。魏晋十六国北朝时期，蓟城是一个民族融合的熔炉，入塞各族人民与汉人一道创造了蓟城的历史与文化。在隋唐时代(公元七八世纪)，这里更成为农牧业居民的物资交流中心、

元世祖忽必烈像

不同文化的传播中心和民族融合的大熔炉。12世纪初，女真族在东北兴起，摆脱了辽国的统治，建立了金王朝并立即向辽发起进攻。宋徽宗决定乘机联金灭辽，但这个策略很不成功。金灭辽后，又大举南下攻宋，并灭之。1153年，金主完颜亮迁都燕京，改为中都，这应该是中国历史上意义重大的事件。从此，北京就成为一代王朝的正式首都，元、明、清三代均于沿袭，也就是从金中都开始，北京作为中国封建王朝统治中心的历史真正开始了。

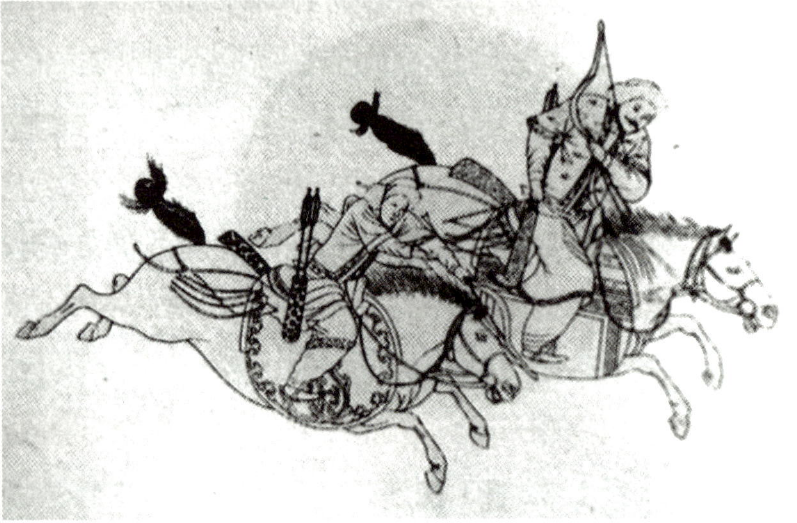

金代女真骑士画像

金中都是在北京原始城址蓟城上发展起来的。原因是当时有一条自古以来逐渐形成的大道，向北出古代的居庸关，越八达岭，直上蒙古高原。这条捷径出中都正北门后的第一站，是“海店”。海店是海淀镇的原始聚落，它来源于湖泊海淀，紧傍原始海淀湖泊而逐渐发展起来。也就是说，从最初的燕都蓟城一直到金代的中都城，基本上都是位于今天北京城的西南部，即现在莲花池以东的地区。而

北京元大都城垣遗址公园中奔跑的蒙古马雕塑

忽必烈元大都的兴建，放弃了莲花池历代相沿的旧址，而是在东北郊外以积水潭为中心选择新址，重建新城。新城的城址是以金代离宫——大宁宫附近的一片湖泊(即今中海和北海，当时南海还不存在)为设计中心，这一片湖泊属于高梁河水系。高梁河水系本身比金中都的莲花池水系要大得多，可以为大都提供较充沛的水源。加上，由于战乱，金中都城已毁坏一空，而以大宁宫为中心的金代离宫，景色优美，环境宜人，正是建造新城不可多得的好地方。元朝在金大都东北郊外兴建大都后，原来从中都北上蒙古高原的大道也相继东移，“海店”也失去了它在交通上的重要地位，沉寂下来。而以水源见称的“海淀”一名反而得以流传至今。

元大都土城遗址

在历代都城的建设中，元大都可以说是最接近于我国古代理想的设计方案。大都格局宏大，规划严整。大城略呈长方形，周长约60里。元大都城没有遵照古代都城建12座城门，而是建有11座城门：东面三门，南边三门，西面三门，北面两门，据说，这是为了体现哪吒三头(南三门)六臂(东西六门)两足(北两门）的形象。哪吒是佛教中传为民间崇拜的勇敢降妖善于变幻之神，故元大都城也被称为哪吒城。大都城城门外筑有瓮城，城四隅建有角楼，环城还有护城河。

元朝是当时世界上最富强的国家。波斯和一些阿拉伯国家，当时受蒙古伊尔汗国统辖，同元朝关系密切。至元十二年(1275年)，意大利威尼斯商人马可·波罗偶然来到大都城，在这里生活了很多年。他在他的《马可波罗游记》中把元大都称做“汗八里”(蒙语，意为大汗之城)，对大都城的平面设计极为称赞：“全城地面规划有如棋盘，其美善之极未可宣言。”

1368年，朱元璋在南京建立明朝之后，立即北伐，推翻了元朝的统治，将元大都改为北平府。1403年朱元璋之子朱棣即位，并于1420年迁都北平，改北平为北京。北京这个名字就是从这一年开始使用的。

朱元璋像

明北京城是在元大

都城的基础上建成的，从1406年改建营造北京城池、宫殿、宫城开始到1420年基本竣工。新建的北京城比元大都更加雄伟壮丽，其城址略向南移，城围共计40里。明北京城分宫城、皇城、内城和外城四重，其设计非常严密完整，而且每城周围都有护城河。由于元大都较之金中都已更接近于海淀，美丽的水上风光，使这一地区成为北京近郊营造园林的好地方。明朝中叶以后，以园林艺术闻名的清华园与勺园，在海淀相继兴建起来。

天安门旧影

明北京城的宫城又称紫禁城，周长6里，内外砖砌，四隅角楼，巍然高耸。宫城有六门，宫城内，前部为皇帝坐朝和举行大典的外朝，后部为皇帝和后妃居住的内廷，东、西六宫为两翼，最后为御花园。皇城在宫城的外面，周围18里，也有6门；内城又在皇城的外面（内城又称京城），城周长45里，城墙高约12米，全部用砖包砌，开有9个城门：东为东直门、朝阳门，南为崇文门、正阳门、宣武门，西为阜成门、西直门，北为德胜门、安定门。到了明朝中期，又在内城南面修了环抱南郊的外城。外城长28里，共有7门：东为东便门、广渠门，南为左安门、永定门、右安门，西为广宁门（清改为广安门）、西便门。于是，北京城平面呈“凸”字的图形。

明代北京城由一条8公里的中轴线纵贯南北为全城布局的依据。

紫禁城俯瞰图

外城、内城、皇城和宫城，都以这条中轴线而对称展开。以紫禁城为中心的北京城的建设，反映了当时国力的强盛和建筑技术的高超。

随着北京定都，人才聚集，文化也彰显辉煌。在明朝两处最高学府国子监，一处在南京的叫南监，一处在北京的叫北监。永乐年间在北京国子监学习的学生约有一万人。各类人才聚集北京，明代著名药物学家李时珍曾任职于为宫廷服务的太医院，地理学家徐霞客曾旅游京师，科学家徐光启长期任职京师。意大利传教士利玛窦在万历二十九年（1601年）来到北京，带来了《万国舆图》等西方科技著作，一面传教，一面传播西方的自然科学。徐光启与利玛窦合作译出了有名的《几何原本》、《测量法义》等，利玛窦死后葬在

徐光启与利玛窦画像

北京（今阜成门外车公庄）。

1644年，李自成率农民起义军攻入北京，推翻了明朝。李自成进入北京一处城门前，见城楼上有“承天之门”的匾额，他搭弓射箭，一箭射中匾额上的“天”字，以此嘲弄受命于天的皇帝。这承天门就是天安门的前身。李自成占领北京达43天。该年5月清兵进入北京城，10月正式定都北京。承天门也在战火中几经损毁，直到清顺治八年(1651 年)重建，并定名天安门，取“受命于天，安邦治国”之意。

清朝沿袭了明朝北京城的格局，其建设重点是内宫的王府和寺庙园林。在西北郊风景区建了“三山五园”，即玉泉山、万寿山、香山；圆明园、长春园、万春园、畅春园和清颐园(颐和园)。又将知名

李自成进北京图

的寺庙加以修葺，还新建了大型的喇嘛庙，如雍和宫、黄寺等。清代的北京，构筑了北京文化最经典的辉煌的成就，并且以其丰富的文化层面和文化特点在中国古代文化发展史上树立了很高的地位；同时，清代中后期的北京作为中国的政治中心和多元文化的集散地，在中西文化的冲突、撞击以及交流等方面首当其冲。这时的北京，是走向世界的北京，一方面它在顽强地保持着自己的风格和特点，另一方面也逐渐地吸纳着舶来的文化。而20世纪，是北京历史上变动最为剧烈和深刻的时代，一曲《我爱北京天安门》就说明了一切。

今日天安门

不朽名著河畔生

元明清时期的黄淮海地区，是民族文化融合最为激烈的地区，从远古以来就衍生的文学传统在这个时期进入了它的又一个群星闪耀的时期，呈现出异常活跃而繁荣的面貌。这时的文学，同大众传播媒介结合，戏曲、小说成为新兴的文学样式，一大批不朽的作品，走在中国文学发展进程的前沿，对于中国文学的发展有着导向意义，体现了中国文学的创造力。

水泊梁山的英雄们聚集的梁山，就位于山东梁山县城东南隅的黄河之滨

元朝是我国古代戏剧发展的黄金时期，涌现出了一批优秀戏剧家。元代杂剧，是用北方曲调演唱的，标志着中国戏剧的成熟。元代另一种饶有新鲜意味的文学类型是散曲。它和杂剧中的唱词使用同样的格律形式，具有相近的语言风格。关汉卿、马致远、白朴和郑光祖被称为“元曲四大家”，其中关汉卿是元杂剧的开山祖师，是将杂剧和散曲有机结合起来的高手。关于他的籍贯，一说是大都人（今北京），还有说祁州（今河北安国）、解州（今山西运城）等几种不同的说法。关汉卿大约出生于金的晚期或末年，入元后以一个剧作家兼艺人的身份活跃于大都的戏剧界。关于他的为人和个性，元人熊自得说他“生而倜傥，博学能文，滑稽多智，蕴藉风流，为一时之冠”。对此，他本人有更透彻的自白。他自称“我是个普天下郎君领袖，盖世界浪子班头”，他所崇尚的昂扬、诙谐的情调和热爱自由的精神较之习惯于依附政治权力的士人心理来说，是非常可贵的。关汉卿见于载录的杂剧共66种，现存18种，其中就我们所熟知的《窦娥冤》、《单刀会》、《蝴蝶梦》、《救风尘》、《拜月亭》等，都久传后世而不衰。

从元后期话本小说的广泛刊刻流行，到明、清，出现了我国文学史上的“四大古典名著”，这些影响重大的作品，形成了一股浩荡强大的文学源流。

关汉卿像

《三国演义》是明初一部划时代的长篇章回小说，作者罗贯中，山西太原人。他依据三国时陈寿的《三国志》和南朝裴松之的《三国志注》以及野史、杂记、民间传说等改编创作而成。《三国演义》描写了东汉末年的政治腐败，割据势力和后来形成的曹操、孙权、刘备三大势力和他们所主的魏、蜀、吴三国鼎立与纷争离合的故事，展开了宏伟的历史画面，塑造了众多的人物形象。作品中既表现出“正统”、“仁政”等传统思想，也反映了重“义气”和崇尚智谋的市井意识。它所表现的艺术特色至今仍然有值得借鉴的地方。仅就其流传下来的成语就有很多，诸如一手包办、一举两得、一臂之力、三顾茅庐、下笔成章、五内如焚、伯仲之间、偃旗息鼓、出言不逊、分久必合合久必分、危在旦夕、才高八斗、如鱼得水等，数量之多可谓旷古绝伦，这也从一个方面突现出《三国演义》的文学成就。

《水浒传》的年代稍迟，成就也更为显著。1353年，罗贯中在

《三国演义》中的刘备、关羽、张飞

投身张士诚的起义军时，结识了正在酝酿创作《水浒传》的施耐庵，并拜其为师，两人情谊甚笃。

《水浒传》的故事源于北宋末年的宋江起义。以宋江为首的这支武装有首领36人，宋末元初人龚开作《宋江三十六赞》记载了36人的姓名和绰号，自宋元之际始，水浒故事以说话、戏剧为主要形式，在民间愈演愈盛。《水浒传》先由罗贯中将说话、戏剧中的水浒故事综合、加工而成，曰“编次”，后经施耐庵加以修订和提高。

《水浒传》的创作方法所表现出的艺术特色，历来深为人们所赞扬。“忠义”和“替天行道”是梁山好汉行事的基本道德准则，为《水浒传》蒙上一层社会所能够接受的道德正义色彩，深刻地反映了社会现实，而且反映了民间、尤其是市井社会生气勃勃的人生理想。在“替天行道”的堂皇大旗下，作者热烈地肯定和赞美了被压迫者的反抗和复仇行为。日常生活终究是平庸的，在强大的恶势力面前，受欺凌而忍让，是普通人的选择。梁山好汉却是另一种人物，是传奇式的理想化的人物。像鲁智深好打抱不平，武松“若路见不平，真乃拔刀相助”；就是像黑旋风斗浪里白条、花和尚倒拔垂杨柳、武松景阳岗打虎一类与社会矛盾无关的情节，同样由于主人公的个性、力量、情感的奔放，而给人以生命力舒张的快感。在污秽而艰难的现实世界中，这些传奇式的英雄，给读者以很大的心理满足。

《水浒传》是中国白话文学的一座里程碑，在整个中国文学史上的意义极为深远。金圣叹在《水浒传》序中赞叹说“叙一百八人，人有其性情，人有其气质，人有其形状，人有其声口”，《水浒传》总是在情节的展开中通过人物的行动来刻画人物的性格，使整部小说充满了紧张感。不过到了七十一回梁山大聚义以后，人物也大多失去了原有的色彩。因为梁山的好汉们在这以后所做的事情，同他们原来的性格及人生取向全然背反，而英雄被招降走向失败的道路，没有深刻的悲剧意识是无法写好的。如今在黄河下游河畔的梁山，历经近千年的黄河冲击与岁月风尘的打磨，已难觅昔日水泊梁山的傲然风采，但却依然可以听到传颂《水浒传》中山东好汉的传奇故事。

继《三国演义》、《水浒传》之后，在明代中后叶的嘉靖、万历年间，又出现了一部群众创作和文人创作相结合的作品《西游记》。《西游记》的故事源于唐僧玄奘只身赴天竺（今印度）取经的史实。玄奘归国后，口述西行见闻，由弟子记载了取经途中的艰险和异域风情，并插入一些带神话色彩的故事。此后，在社会中广泛流传。至迟在元末明初已经出现《西游记》的完整小说，奠定了百回本《西游记》的基本骨架。明后期，由吴承恩完成。吴承恩，淮安山阳（今江苏淮安）人。

孙悟空大闹天宫

《西游记》是一部充满幻想、情节离奇的小说。正因为这是一部幻想性的神话小说，它比现实题材的小说能够更充分地反映出人们内心深处的欲望；然而它又以生活现实为依据，所以被人所理解和接受。《西游记》文笔诙谐风趣，小说中一本正经的教训甚少，戏谑嘲弄的成分却十分浓厚。那些庄严尊贵的神佛，在作者笔下时常显出滑稽可笑的面貌，生动活泼，极具生活气息。在中国文学史上，《西游记》立足于民族文化，又吸取外来文化的营养，以丰富的艺术想象力，描绘出一个光怪陆离的神话世界，创造出许多离奇的神话故事，塑造了孙悟空、猪八戒等鲜明生动的神话艺术形象，不仅填补了中国文学的缺陷，而且体现了中国文学在一旦摆脱思想拘禁以后所产生的活力。

《金瓶梅词话》是我国第一部以家庭日常生活为素材的长篇小说，明万历年间，已有《金瓶梅》抄本流传。作者“兰陵笑笑生”。用古名称为“兰陵”的地方有二，一在今山东峄县，一在今江苏武进。这位“笑笑生”究为何人，至今无法确认。《金瓶梅词话》的开头据《水浒传》中西门庆与潘金莲的故事改编，写潘金莲未被武松杀死，嫁给西门庆为妾，由此转入小说的主体部分，描写西门庆家庭内发生的一系列事件，以及西门庆与社会中各色人物的交往，直到他纵欲身亡，家庭破败，众妾风云流散。书名由小说中三个主要女性（潘金莲、李瓶儿、春梅）的名字合成。

《金瓶梅词话》在揭示政治腐败、社会黑暗方面，所涉及的不仅仅是官商勾结、钱权交易，而是十分广泛而又非常深刻的。在这部一百回的长篇小说中，几乎没有一个通常意义上的“正面人物”，人人在那里勾心斗角，相互压迫。这种描写，一方面是因为封建末世的政治确实格外的混乱无序，另一方面也是因为作者对传统道德已彻底失去信心。《金瓶梅词话》作为文人的独立创作，在中国小说史上具有开创意义。

晚明以来至清的著名文学作品中，还有蒲松龄的《聊斋志异》，其作者蒲松龄，山东淄川（今淄博）人。《聊斋志异》集五百篇记述的奇异传闻和神鬼、狐妖、花木精灵的奇异故事，把真实的人情和幻想的场景、奇异的情节巧妙地结合起来，从中折射出人间的理想光彩，显示出作者高超的艺术创造力。而清乾隆时代曹雪芹的《红楼梦》则更是一部天才的、精心构撰的巨作。“字字看来皆是血，十年辛苦不寻常”，在艺术上，它达到了中国小说前所未有的成就。鲁迅称许说：“自有《红楼梦》出来以后，传统的思想和写法都打破了。”《红楼梦》中具有鲜明特色的人物形象可以排列成一条很长的五光十色的人物画廊。他们在中国文学史上，具有不朽的价值。《红楼梦》问世以后，流传日广，穿凿附会之说也日多，研究、考证各具不同的眼光，由此专有了一门学问称“红学”。对作者曹雪芹也许可以说，中国历史上除了司马迁作《史记》，再没有人像曹雪芹这样以全部的深情和心血投入于一部著作的写作。在他去世时，全书仅完成前八十回，并留下一些残稿，这些残稿后来也遗失了。

曹雪芹和《石头记》书影

元明清时期，黄河流域产生了众多文学艺术珍品，几百年来，它们一直在浸润着一代又一代的后来人，并在新的基础上产生出新的创造。不朽的名著《三国演义》、《水浒传》、《西游记》、《红楼梦》，它们的原型和原产地均出自这个时代和黄淮海地区。此外，如《金瓶梅》、《聊斋志异》等，也与这个时代和这个地区的文化传统紧紧地联系在一起。从这些伟大的作品里，我们得以窥见五千年中国历史的传奇，得以窥见封建社会晚期繁华的市民社会，得以窥见千百年来限于帝王统治术的悲状，更得以窥见黄河这中华民族摇篮的文化辉煌与苦痛交织的过去和希望辉映的未来。

双玉读曲。这是《红楼梦》中宝玉和黛玉在花园中同读《西厢记》的故事

至远且大的治河先人们

从三皇五帝到夏商周，从先秦到汉唐，以至宋元明清，黄河和黄河流域作为中华民族的摇篮和政治、经济中心，对华夏文明、东亚文明乃至整个世界文明的深远影响是不言而喻的，但黄河无疑也是世界上最具个性、最难治理的大河。对于黄河的治理，长期以来一直受到历朝历代的高度重视，也是国人长期应对的一大难题。人们在同黄河奋斗和抗争的数千年中，积累了丰富的经验，治河名家辈出，为封建王朝的统治和两岸百姓的生产及生命安全立下了不朽的功绩，明代的潘季驯和清代的靳辅、陈潢便是其中杰出的代表。

自古以来，治河与圣明是紧紧相连，也早有“河涨河落维系皇冠顶戴”的说法。位于河南省武陟县黄河边的嘉应观造型像皇冠的御碑亭，表明了雍正治理黄河水患的决心

“善为国者，必先除其五害……五害之属，水最为大。五害已除，人乃可治”，这是先秦时期的政治家管仲对“春秋五霸”之首齐桓公的答话。司马迁也发出了“甚哉，水之利害也”的感慨。从公元前21世纪的夏朝始，在4000多年时间里，黄河流域建都时间长达3000多年。黄河流域作为中华民族的摇篮及长时期的政治、经济中心，早在西汉以前就已形成的“悬河”，一直是下游两岸人民的“心腹之患”，其治理也一直受到特别的重视，涌现出了一批名垂青史的治水名家。

中国早期历史传说中的圣君尧、舜、禹，其“治国有方”的圣明都与治水有关。传说中的共工堙水颇有成效，成为协助尧执政的官员；鲧循旧法障洪水，没有能保护居民的安全，受到严重处罚；大禹吸收前人经验和教训，“居外十三年，过家门不敢入”，用疏导之法取得成功，受拥戴而建立第一个朝代——夏。战国时期河防与水利更是国家公共要务，黄河下游河道修筑的堤防已具相当规模，水运已很发达，并开始出现大型的水利工程。漳水十二渠及稍后秦国兴修的郑国渠，可灌田4万顷，“秦以富强，卒并诸侯”。汉代的水利技术和治河成就，更在治黄史上占有十分重要的地位。汉武帝命令在郑国渠旁边开凿六辅渠，并亲自指挥堵黄河瓠子决口；汉哀帝时期贾让提出具有重大影响之“治河三策”，对今天的黄河治理开发仍然具有现实意义。东汉初年的王景治河，通过修筑堤防、疏通河道和渠道、竖立引水闸门、堵截串沟等手段，功泽后世达800年之久。魏晋南北朝黄河历经了相对比较稳定的时期之后，到隋唐河患又显著增加，此后黄河水患愈演愈烈。随着治河任务的日益加重，唐宋元明清时期，治河之功较之前代都有了巨大的发展。明清两代，在治河方策上，为后人推崇的当属潘季驯和靳辅、陈潢了。

如今，在河南省武陟县城东南10多公里的黄河边，还可见到一座龙王庙——嘉应观。嘉应观建于雍正三年（1725年）二月，雍正帝亲书“嘉应观”。这是当今保留下来的黄河流域最大的龙王庙了。嘉应观两侧建东西两道院，是为治河大臣们的衙署。雍正让治黄的大臣们坐在黄河危险之地办公，显见雍正的治河决心。进了嘉应山门，迎面是“御碑亭”。亭的造型精致特别，尤其那伞形圆顶的亭盖，覆盖着黄色琉璃瓦，酷像“皇冠”。难怪康熙帝也发出“河涨河落维系皇冠顶戴”的感慨，这也说明清朝统治者对治河的重视。

如今在嘉应观的西大殿供奉着10位龙王。不过，这一个个龙王不是神而全是人，是历朝历代的治水能臣。其中有西汉提出“治河三策”的贾让，有治水功泽后世800年的东汉大臣王景，有元朝的贾鲁，明朝的潘季驯、刘天河，清朝的齐苏勒、嵇曾筠等。嵇曾筠正是雍正派驻武陟主持河防的大臣。他的治河功劳显著，几乎年年受雍正嘉奖。齐苏勒也是雍正年间治河颇负声誉的人物。雍正元年

嘉应观

(1723年)任河道总督。他“周历黄河、运河”，指出河工中的问题，在任七年，谨守靳辅成法，疏浚修筑并举，直到在河督任上去世。雍正以为他的治河功绩可与靳辅相比，“令有司春秋致祭”。

潘季驯(1521～1595年)，字时良，浙江乌程(今浙江湖州)人。嘉靖二十九年(1550年)进士，经过宦海沉浮，累官至工部尚书兼右都御史。嘉靖前期，在“首虑祖陵、次虑运道、再虑民生”的治黄方针指导下，黄河问题更趋严重，在徐州以下竟一度分岔13股南下，负责治河官员6年换6人，仍无济于事。在黄河及运河空前危机下，嘉靖四十四年，朝廷任潘季驯为右佥都御史总理河道，协助工部尚书朱衡。此后到万历二十年(1592年)的27年间，他曾负责黄河、运河治理将近10年，在理论与实践上均有重大建树。他认为黄河、运河相通，治理了黄河也就保护了运河，黄河、淮河相汇，治淮也就是治黄，既不能离开治黄谈保运，也不能抛开治淮谈治黄，主张综合治理黄河下游。他指出，黄河下游善徙的主要原因，在于水漫沙壅。因此，治理上应筑堤束水，借水刷沙。由于黄河挟带大量泥沙，“(水)分则势缓，势缓则沙停，沙停则河饱，河饱则水溢，水溢则堤决，堤决则河为平陆，而民生之昏垫，国计之梗阻，皆由此矣。”因此，要使水流湍急，必须束水归漕，“借

潘季驯

水攻沙，以水治水，如此而已，”这就是后人一直称道的“束水攻沙”的科学理论。他主持修筑的堤防，包括“束水归漕”的缕堤，缕堤外的遥堤，以及二堤之间的格堤(横堤)，三堤构成拦阻洪水的三道防线。经过潘季驯治理之后，出现了分流河道基本归于一流，“两河归正，沙刷水深，海口大辟，田庐尽复，流移归业”，“漕运畅通”多年未有的大好局面，使黄、淮、运河保持了多年的稳定。潘季驯在职时曾著有《两河经略》和《河防一览》等书，阐述了他的治河方略和经验，对后世治河产生了深刻的影响。潘季驯在万历二十三年病故，年七十五。

靳辅（1633～1692年）字紫垣，汉军镶黄旗人。由于明末清初连续多年的战乱，黄河堤防失修，从康熙元年（公元1662年）到十六年之间，黄河下游几乎年年决溢。康熙十六年八月，靳辅任河道总督，又兼管漕运事务。他采用幕僚陈潢的建议，提出了治黄、淮、运的计划，主持治理黄、淮、运多达十余年。康熙二十七年三月被撤职。康熙三十一年二月，再任总河，十一月卒于任上。陈潢(1638～1689年)，字天一，号省斋，年青时即关心黄河问题，曾沿黄河上溯勘察至宁夏地区。康熙十年，他与安徽巡抚靳辅相识，互为知己，被靳辅聘为幕僚。此后跟随靳辅先赴安徽，后共同参与治理黄河，筹

清代乾隆豫省黄河河工图

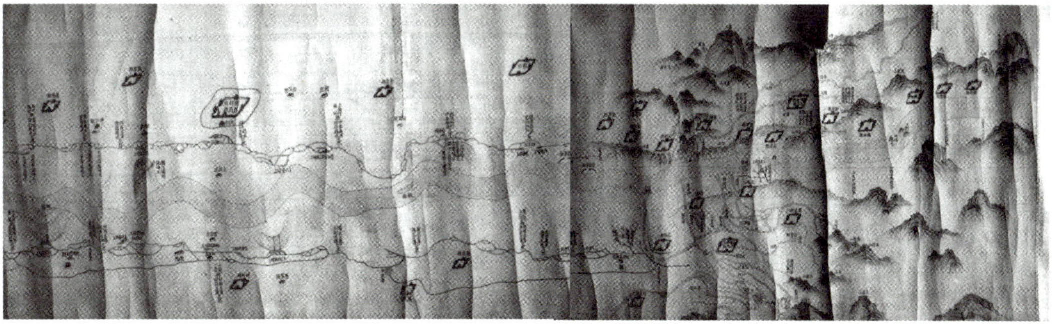

划了一系列的重大工程措施，成为靳辅治河的最得力助手和主要的工程技术专家。

靳辅受任之后，就同陈潢“遍阅黄、淮形势及冲决要害”，沿途博采众议，经过两个月的调查研究，感到以往重漕运不重治河的观点是不对的。靳辅提出了“治河之道，必当审其全局，将河道运道为一体，彻首尾而合治之，而后可无弊也。”他连续向康熙帝上了八疏，改进前人治河方法，系统提出了治理黄、淮、运的全面规划。靳辅在近十二年的河督任上，成功地进行了几项治黄工程。先是在黄河下游清江浦（今江苏淮阴）以下到海口三百多里的河道内，采取“疏浚筑堤”的办法，挑河身淤土，用“川字沟”法挖深河底，所挖引河之土，筑两岸堤防。同时，相继堵复黄、淮各决口，水归正河后，先在“川”字形三条河中行，之后随着河水自上而下在两岸堤

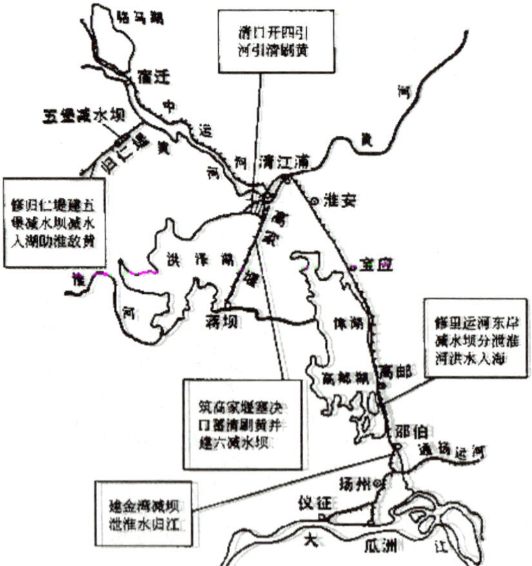

靳辅治河规划示意图

防夹峙之下奔流，以顺流束水攻沙之势，逐渐冲掉三河之间的两道沙堆，以达最终三河合一，引导黄、淮入海。靳辅、陈潢还着力于闸坝分洪。鉴于河道上宽下窄有碍分洪，就在砀山以下至睢宁间的狭窄河段内，建多处减水闸坝，平日闭闸束流，遇大涨则启闸分泄，引黄水注洪泽湖。靳辅、陈潢十分重视堤防束水攻沙的作用，非常重视“坚筑堤防”。陈潢认为：“治河者，必以堤防为先务。”由于靳辅的这些措施较为得宜，黄河安流了三十余年，漕运亦安全通畅。后崔应阶等整理靳氏治河奏疏及事迹成书，名《治河方略》，陈潢的朋友张霭生编辑陈氏言论为《河防述言》十二篇。

到了民国时期，黄河水利委员会第一任委员长李仪祉和一些治水专家，将西方水利科技首先引入中国，他们既办水利教育，又有重大理论与实践活动，进一步丰富了治河理论与方法，为现代治黄奠定了良好的基础。

在几千年中国历史的长河中，一代代治水先人们已逐渐离我们远去，但他们给后人留下的丰富遗产，作为黄河文化的重要组成部分永远地载入了史册。

第七章
永远的故乡，不息的回声

黄土地上，大河奔腾不已。蛮荒时代，中华民族的祖先们就来到了这片黄土地上，在这里耕耘、在这里繁衍，哺育了一代又一代的炎黄儿女。不仅如此，他们还顺应历史的潮流，将炎黄文明的种子散播到长江流域、散播到海角天涯、散播到异国他乡，传承至今，传承到永远。

"客家"的故里，我的故乡

历史上，迫于战乱、饥荒，一批一批的中原百姓顺应着时代的潮水，浮沉涨落，漂泊异乡，迁徙无定。他们怀揣着中原故土赋予的勤劳卓绝的伟大精神，又在浪迹天涯中树立起"四海为家"的博大胸怀，适应各种不同的环境，在继承传统、发展传统中创造着新生活，客家人就是他们中最独特的一支，成为中国乃至世界极具影响力的优秀民系。就是这一族万里波涛的拓荒人，无论走到世界的哪里，心中总牵挂着生养他们的祖国，感受着自己作为炎黄儿女的自豪。

郑州黄河母亲像

中华民族，这个由大河孕育，以农耕文明而立国的民族，其发展的历史构成了这个民族特有的心理积淀，铸就了中华民族特有的性格。他们"安土重迁"，习惯于守护、依赖大河和黄土聚族而居，艰苦创造，世代耕耘，其间，虽有大量族间争夺生存空间的内耗，却从没有远征世界的野心。即使由历史的潮水所裹胁不得自主地沉浮他乡，他们依然实显这个民族的特质，安分守己，在艰苦卓绝的创造中，依四海而"安家"，却不忘寻根大河，向往故土。

在中国历史上，由于战乱、饥荒等天灾人祸，曾经历过四次民族大迁徙。西晋末年的第一次大迁徙，上百万汉人从黄河流域南迁到长江中下游的安徽、江西北部，以及赣南、闽西，在山林密布的闭塞之地开辟新的生活空间。唐代，第二次大迁徙，北方汉民为躲避五代纷争与中原战乱，再度南迁至相对安宁的赣闽粤地区，人们沿着中国唯一的南北走向的黄金水道——长江支流赣江，先达赣南，再到闽西、粤东。到北宋时期，在赣南、闽西和粤东一带的中原汉民移居者已初具规模，他们成为第一批客家的先民。客家，本意是指相对本地人的外来者。客家的称呼虽然起自明末清初的福建沿海和广东沿海的"福佬人"和"广府人"，但客家作客他乡的迁移史要比其称呼的起始早得多、悠远得多。到了南宋(1127～1279年)，宋高宗南渡称帝于南京应天府，随其南迁的臣民达百万之众。加上，南宋末年元人入侵中原，一批批汉民为避战乱再行南迁，这就形成了宋代第三次人口大迁徙。至此，在三次南迁中，先后进入赣闽粤地区的汉民，与当地畲、瑶、苗等少数民族逐渐交融，最终形成客家民系。随后，早先迁入赣闽粤的客家先民也有的辗转进入广东的梅州、惠州等地。明末清初的第四次大迁徙，是因为清兵入主中原，进而南进福建、广东。客家人由于受满族统治者的蹂躏以及瘟疫发生，散居各地，也有的随郑成功移民台湾。赣南人口锐减，而闽南、粤东人口膨胀。随即清政府通令沿海居民向内地挤压，发起“移湖广、填四川”的移民运动，于是一部分客家人又迁回赣南，一部分迁往四川。直至近代，不少客家人从粤东闽西一带又络绎不绝地迁往沿海，移居海外，至今日，已有一亿以上的客家后裔遍及世界五大洲的 80 多个国家和地区。

战乱成为催生客家形成的主要温床

显然，客家的历史是从客家先民的流浪史、拼搏史、创业史中打造出来的。他们在颠沛流离的逆境中，远离故乡，不辞辛劳，拼搏进取，使客家人在长期磨炼中成为中国最优秀的族群，成为对中国乃至世界极具影响力的优秀民系。

客家的先民在黄河岸边中原老家，受到儒家传统教育，宗族、家族观念根深蒂固，但他们在长期的流浪生活中，又领略了宗族、家族之间的和谐共存的重要。他们远离故乡，摆脱了中原“安土重迁”

和“父母在不远游”的传统保守观念的束缚，在浪迹天涯中树立起“四海为家”的博大胸怀，又在背井离乡中深刻体味到“在家不知娘辛苦，出外方知慈母情”的情怀。他们身在四海，心系故土，具有强烈的爱国心。来自世界各地的客属代表，每每欢聚在一起举行“世界客属恳亲大会”时，客家人的爱国心、故乡情和使命感得以一次次释放。特别是2003年第十八届客属恳亲大会在黄河岸边郑州市举行。他们脚踏着客家先民的中原故土，追思着先祖们曾经的遥远岁月，回家的感慨和激荡的心情油然而生。接着，2004年第十九届客属恳亲大会在中国江西省赣州市举行，“客家亲，摇篮情”的主题告诉了国人和世界，客家人对离开中原故土的第一站——赣南——这块闽粤湘交界地的深山密林的创业和成长岁月，是多么深刻地铭记在他们的记忆中和情怀里。

赣州最大的、最杰出的方形客家围屋——关西新围，建于清嘉庆三年（1798年）

寻根大河，向往故土，不仅是客家人，海外侨胞和所有的炎黄子孙，都不会忘记黄水、黄土在他们生命的里程中的伟大意义。还在黄河以一连串内陆湖盆的基础刚刚孕育的时候，我们人类的猿人祖先即在她的身旁开始悄悄告别爬行的生涯，以直立人的姿态走上地球这个舞台。也就从那时起，黄河、黄土、黄种人，就那样不离不弃、相互偎依，追逐着、寻觅着、共同演绎着创造生命和文化的伟大历程。西侯度人、蓝田人、北京人、大荔人、丁村人、河套人、仰韶人……人类从漫漫长夜中不断繁衍发展，一步步走向光明；从懵懂中的人类童年，一步步成长为巨人。

现在，只要你在黄河沿岸走过，就像走过绵延不断的历史长廊，让你重温大河和故土曾经养育过的人类的辉煌。一座座博物馆可以让你跟随人类走过的足迹，去触摸他们跳动的脉搏：打制与磨制石器、农耕遗物、黑陶彩陶、青铜美玉、绵帛车马、甲骨书画……都是先人之手所创造，是先人智慧之结晶。沿着黄河两岸，一座座圣庙、圣陵、圣像，成为中华民族寻根祭祖的圣地，伏羲庙、黄帝陵、神农铜像、大禹石雕，以至孔庙、孔府、孔林，每年吸引着千百万炎黄子孙和中外游客。可以想象，那众多的文化古都，演绎过多少波澜壮阔的历史活剧，多少中华民族的文化先人，在这里出生成长：孔子，出生在山东曲阜；孟子，出生在山东邹县；庄子，出生在山东东明；老子，出生在河南鹿邑；管子，出生在安徽颍上；司马迁，出生在陕西韩城……始祖伏羲、女娲、神农，传说在距今8000年左右出生在天水一带，“人文初祖”黄帝、炎帝更将黄河两岸作为他们纵横驰骋的舞台。

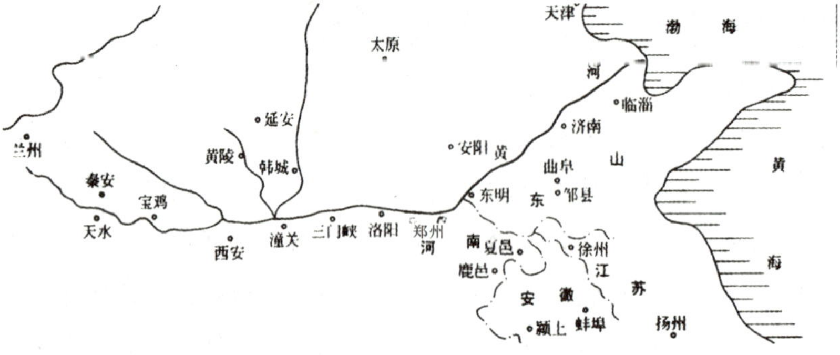

黄河中下游——中国文化的摇篮，图中简示距今8000年前至公元10世纪主要古代文化遗址的分布

如今在黄河上游的兰州市和黄河下游的郑州市，各有一尊黄河母亲像。一条大河的上下游两座母亲像，充分说明黄河在炎黄子孙心目中的神圣地位，彰显出中国人民对黄河母亲哺育之恩的永久追念。

兰州黄河母亲像

"黄河大合唱",民族的共鸣

从1937年到1945年的8年抗日战争中，中国人民守土抗战、艰苦卓绝的岁月，永远留在了中华民族的历史记忆中。黄河两岸，作为中国人民抗击日本侵略军的主战场，吸引着无数热血儿女奔向那里，投入到抗日救国的洪流中。《黄河大合唱》，这部以黄河为象征，歌颂中华民族坚强不屈的民族精神的伟大音乐作品，从这里诞生并传唱开来，成为民族的共鸣。

1939年5月11日，于延安陕北公学大礼堂首演《黄河大合唱》，获得巨大成功

1937年7月7日夜，日本军队向北京西南卢沟桥附近的中国驻军第29军发动进攻，第29军奋起抵抗。从卢沟桥事变开始，中华民族开始了长达8年的抗日战争。在8年抗战中，中国人民付出了极其沉重的生命和财产的代价，最后终于赢得了抗日战争的胜利，洗雪了近代以来中国在反抗外来侵略中屡遭失败的耻辱。如今，抗日胜利已过去60多个年头，但那守土抗战、艰苦卓绝的岁月，却永远留在了中华民族的历史记忆中。

守卫卢沟桥的第29军战士在掩体后面准备战斗

抗战初期，国民党军担负正面战场，在忻口、台儿庄战役中坚决抵抗，给日本侵略军以沉重打击。1937年8月，中共中央政治局在黄土高原的陕西洛川召开会议，确定了全面抗战的路线，9月八路军陆续渡过黄河，奔赴抗日前线，在华北开辟敌后根据地，有力地配合了正面战场。黄河两岸成为中国人民抗击日本侵略军的主战场，延安成为举世瞩目的抗日根据地。《黄河大合唱》——一部以黄河为象征，歌颂中华民族坚强不屈的民族精神，鼓舞无数热血儿女走上抗日道路的伟大音乐作品，也就从这里诞生并传唱开来。

1937年9月，八路军陆续渡过黄河，奔赴抗日前线

1938年的中国，全面陷入抗日战争的血雨腥风中，淞沪会战、武汉会战、广州保卫战相继展开，中国军民与日本侵略军进行着殊死的搏斗。武汉会战是抗日战争中最大的会战，双方均投入百万人。

1938年4月10日，延安鲁迅艺术学院成立。图为“鲁艺”音乐系部分人员合影。前排左2为冼星海抱着女儿妞妞

1938年11月武汉沦陷后，诗人光未然带领抗敌演剧三队，从陕西宜川县的壶口附近东渡黄河，转入吕梁山抗日根据地。途中目睹了黄河船夫们与狂风恶浪搏斗的情景，聆听了高亢、悠扬的船工号子。在次年1月抵达延安后，写出了《黄河吟》词作，并在这年的除夕联欢会上朗诵了这部诗篇。音乐家冼星海听后非常兴奋，表示要为演剧队创作《黄河大合唱》。在延安一座简陋的土窑里，冼星海抱病连续写作6天，完成了这部具有历史意义的大型声乐作品《黄

著名音乐家冼星海（1905～1945年）1939年任鲁迅艺术学院音乐系主任

河大合唱》。1939 年 5 月 11 日，《黄河大合唱》在延安陕北公学大礼堂首演，获得巨大成功。毛泽东看完演出，激动地高举双手，连说“好！好！好！”。7 月 8 日，周恩来约请延安文艺界人士给冼星海题词：“为抗战发出吼声！为大众谱出呼声！”从此，“保卫黄河、保卫华北、保卫全中国”的歌声就很快传遍整个中国。

《黄河大合唱》是一部史诗性大型声乐套曲，由《黄河船夫曲》、《黄河颂》、《黄河之水天上来》、《黄水谣》、《河边对口唱》、《黄河怨》、《保卫黄河》、《怒吼吧！黄河》八个乐章构成。《黄河大合唱》的“黄河颂”乐章里，热情而生动地歌颂了黄河作为中华民族的摇篮，对中华民族精神的巨大鼓舞：“啊！黄河！你是中华民族的摇篮，五千年的古国文化，从你这里发源，多少英雄的故乡，在你的身边扮演。啊，黄河！你是伟大坚强，像一个巨人，出现在亚洲平原之上，用你那英雄的体魄筑成我们民族的屏障……我们民族的伟大精神，将要在你的保育下发扬滋长！”

那奔放、豪迈、铿锵有力的诗句、旋律和强烈的情感，唱出了黄河儿女对母亲河的眷恋、热爱和无比骄傲，也表现出黄河儿女弘扬伟大民族精神和英雄气概的决心，它极大地激励中华儿女誓死保卫家园的斗志。

几十年过去了，时代在变、社会在变，但《黄河大合唱》却得以不朽和永生。它不仅在中国大地，而且在世界各地，以其所蕴涵的伟大的民族气魄、炽热的爱国精神和强烈的艺术感染力依然震撼

中华民族的优秀儿女纷纷奔赴革命圣地延安，汇入抗日救国的洪流

着无数人士的心。1993年，中国乐团带着《黄河大合唱》在美国许多大城市演出，历时半年，场场爆满。听音乐会的华人、华侨，眼含热泪，不少美国各界人士也感慨万千。这就是黄河！这就是中国！《黄河大合唱》唱出了中华儿女的共同心声！

漫长的中华历史，赋予了黄河和黄河所孕育的中华文化以特殊的象征，在国人的心目中，黄河已不仅是一条流淌在祖国北方黄土地上的自然的河，而且是哺育了千千万万炎黄子孙、塑造了我们中华民族灵魂与精神的伟大的母亲。正如《黄河大合唱》中唱到的："在它的周身，奔流着民族的热血。"

1948年3月，毛泽东在陕北川口东渡黄河。站在摇晃的小木船上，望着像陕北的小米粥一样浓稠的黄河水，望着泡沫飞卷的浪花和漩涡，深深地感叹：“你们可以藐视一切，但是不能藐视黄河。藐视黄河，就是藐视我们这个民族。”

河流是缔造文明的血脉。尽管在漫漫几千年的时空舞台上，黄河古文明的兴起、辉煌在跌宕起伏中似乎已变得遥远，然而历史是有生命力的，黄河写下的历史，永远值得我们去珍惜和热爱，母亲河缔造的故土，是我们永远魂牵梦绕的故乡。

敦煌、少林、长城……我们的心仪

从公元前21世纪夏朝开始，迄今4000多年的历史时期中，历代王朝在黄河流域建都的时间延绵3000多年。古老的黄河所创造的绵延、厚重的历史，留给我们太多的惊奇和震撼。被称为“东方艺术宝库”的敦煌莫高窟、被公认为“中国功夫之源”的少林寺、被视做中华民族象征的万里长城……无不诞生在这片黄土地上，令我们仰慕，令我们神往。

雄伟壮观的万里长城

敦煌莫高窟。敦煌莫高窟坐落在敦煌市东南25公里处大泉沟河西岸、鸣沙山东麓50多米高的断崖山，坐西向东，与三危山遥遥相望

在古老的丝绸之路上，被称为“东方艺术宝库”的敦煌莫高窟，作为一颗星光璀璨的明珠为世界所注目。敦煌位于甘肃与新疆交界的河西走廊的西端，似乎远离黄河，但当张骞打开西域通向中原丝绸之路后，就不那么遥远了，也可以说成为黄河文化的一个组成部分。丝绸之路的开通，使敦煌成为佛教文化、西域文化、中原文化的交汇点，敦煌艺术作为中西艺术融合的产物，也由此而大放异彩。

莫高窟，是迄今世界上历时最久、规模最大、内容最丰富、保存最完好的佛教石窟群。它从南到北全长1.618公里，至今留有石窟492个。走进莫高窟，展现在人们面前的是集建筑、塑像、壁画以及遗书遗画等多位一体的大型综合艺术群体，其中的彩色壁画4500多平方米，尤其是飞天画，形态飘逸、栩栩如生，真切地体现出敦煌艺术中最独特而精粹的内容。在瑰丽精美的壁画衬托下，

2000躯以上千姿百态的雕像，构成了一幅壮丽的宗教艺术画卷。最大的塑像达30多米高，最小的只有10多厘米。流连于莫高窟不同的洞窟，仿佛正在跨越时空大步行走，快速地穿梭于遥远的历史隧道中，近距离地感受着不同艺术风格与魅力带来的无尽享受。

莫高窟创建于公元366年（前秦建元二年），据说有一个名叫乐尊的和尚，西游到此，见三危山上金光闪耀，状如千佛，乐尊认为这是佛启示他“这里就是圣地”，便在此“灵岩圣地开凿了第一个洞窟”。于是，莫高窟从十六国开始，经历了北朝、隋、唐、五代、宋、西夏、元等十多个朝代，前后1000多年，开凿了大量的洞窟，绘塑了壁画彩塑。其中唐代莫高窟的雕塑艺术达到了顶峰。据记载唐代莫高窟已有1000余窟龛。在2000多躯塑像中，唐代多达670多，占全部雕像的1/4还强。敦煌的壁画彩塑技艺精湛无双，被公认为是“人类文明的曙光”、世界佛教艺术的宝库。特别是1900年（清光绪

敦煌257号窟壁画中的人物

二十六年)，道士王圆录发现了举世闻名的藏经洞，在这个秘室里盛着5万余件“宝藏”竟然静静地安息了七八百年。这更加震惊了中外学人。由此，在世界上兴起一门新兴的综合性学问——敦煌学。目前世界上已有二十来个国家和地区在从事研究。

释道在中国兴起源于黄河流域。如今在这里留下不少名山胜景、寺宇道观，其中在海内外久负盛名的莫过于少林寺和源于少林的少林功夫。

少林寺位于河南省登封市西12公里外的嵩山五乳峰下。北魏孝文帝太和二年（公元496年），孝文帝为安顿印度高僧跋陀建寺，因其建于嵩山少室密林之中，故定名“少林寺”。北魏孝昌三年（公元527年），印度高僧菩提达摩来到少林，在少室山五乳峰一个天然石洞里面壁九年，首传禅宗。达摩被中国禅门定为凝修壁观建立禅宗

少林寺

的初祖，少林则被称为“禅宗祖庭”。唐初，少林寺志坚、昙宗等十三棍僧，在秦王李世民讨伐王世充的征战中，立下汗马功劳，得到了李唐统治者的赞誉和封赏。少林武僧也因此名声大震。在此期间，由于朝廷的大力支持，少林寺发展极快，博得了“天下第一名刹”的美称，少林功夫也越发名扬四海。明代，少林寺达到鼎盛。民国时期，军阀石友三放火烧毁了少林寺的大部分建筑，千年基业毁于一旦。新中国成立以后多次整修，才又逐渐恢复了往昔模样。

少林武术

少林是武林的泰山北斗，少林武功更是博大精深，藏经阁内收集了三十六路拳脚十八般兵器各式各样的武学密籍，易筋经、洗髓经更是少林的镇山之宝。正是“天下功夫出少林”。中国古代的“天人合一”思想认为，最合乎人体自然结构的动作，才是最合理的。少林功夫充分融入了中国古代哲学思想，谐如阴阳平衡、刚柔相济、天人合一等，其套路与套路之间，不是孤立存在，而是相互照应。在众多的武术流派中，植根于中原沃土的少林武术，以其刚健挺拔的雄姿，粗矿豪放的风格，健身益寿的功能，陶冶情操的魅力，成为中华武术的瑰宝。如今，少林弟子遍布全球，少林武术作为黄河文化的组成部分，放射出夺目的光茫。

屏障黄河文化的万里长城，是中华大地奉献给世界的又一伟大奇观。1984年7月24日，《纽约时报》在头版头条刊登了一则消息，即关于《北京晚报》等几家报纸提出为了维修长城开展社会赞助活动的倡仪，消息中指出："宇宙航行员从月球上回观地球时，所见到唯一的人工构造物，就是万里长城。"邓小平专为这项活动写了"爱我中华，修我长城"的题词。国际友人、海外华侨、港澳台同胞热情给予支持。回望历史，以农立国的古代中原王朝无力控制北部辽阔的荒漠与草原，又时刻要防备飘忽无定的游牧民族袭扰。长城便是这种生态环境差异和农牧民族冲突的产物，是中原王朝为填补天然障碍不足而建立起的人工防御屏障。长城的建筑，早在秦始皇以前就已开始。秦始皇吞并六国之后，将原秦、赵、燕旧时长城随地形联贯补修、加固，这就是人们熟知的万里长城了。

从秦汉到明，万里长城经历了约两千年的营造，是中华各族人民共同建造的历史丰碑。

长城不仅具有御边效应，它也是秦汉时代戍边政策的产物。构筑长城和屯田实边、开辟交通以及互市贸易相辅相成，对古老中国的开放，起了重要作用。没有汉代烽燧的保护，古丝绸之路也是难以开通的。

今天，长城的军事防御价值已不复存在，兄弟民族之间早已千年干戈化玉帛，但作为中华民族多元一体碰撞中融合的历史见证，作为凝聚中华民族的历史丰碑，长城将万古长存！作为一个民族赖以生存和发展的精神支撑，长城所象征的中华民族精神也在新的历史条件下发扬光大。

中华文明留给我们的瑰宝实在是太多太多，它们无不打着浓浓的黄河印记，将中华文明的质朴与恢宏、美韵与风华一一展现无遗。敦煌、少林、长城……那一个个熟悉的名字，不仅深深融入每一个华夏子孙的血脉中，让人心往，让我们骄傲；而且，它们也属于世界，它们的深邃、神秘、精妙、博大，也在让世界注目，因为它也是人类共同的文化遗产。

崛起的呼唤，未来的梦

近代以来，国势的积贫积弱，使得“东亚病夫”、“黄祸论”、“中国文明西来说”等甚嚣尘上，鸦片战争以降的百年间，侵略者、卖国者作尽了一切贬低和摧残炎黄民族精神的事情。随着1949年中国获得新生和30年来走过的改革开放之路，炎黄儿女以自己的艰苦奋斗和丰盛硕果，向世界人民展示了什么是中华民族的精魂和未来一定要实现的梦。

黄河的富足，文明的悠久，似乎离我们越来越远了。

黄河流域在经过隋、唐、五代至北宋的鼎盛时期之后，由于历史上屡遭战争的破坏，人口大量的外迁，经济日趋衰落了。北宋的灭亡与南宋偏安江南，更导致经济重心的进一步南移。以农为本的中原，农业生产也逐渐落后于南方。黄河在五千年的历史进程中，她奉献出的太多，以致疲备而不堪重负了。生态环境的破坏、水土流失的加重，使她不得不在困局中挣扎：或频发洪水，或干旱成灾，黄土也再无昔日的肥力。加之现代工业文明对她发起的空前的冲击，到了20世纪末，不仅黄河流域的不少地方成为中国最封闭、最贫困的地区，而且黄河自身从1972年近海河段出现枯河之后，开始了长达20多年的频繁断流，加上黄河水污染的日益严重，使国人面对母亲河，面对古往今来的对比和反差，一种别样的感觉萦绕心头：黄河是摇篮，又是忧患；很灿烂，也很沉闷。1993年，黄河流域的平均粮食亩产207公斤，较全国平均亩产低120公斤。1996年，黄河流域内的贫困县占全国贫国县的21.3%。特别是黄河愈演愈烈的断流，更让举国震动，世界震惊。日本一媒体放言："黄河断流就意味着中国民族的衰落。"

站在龙门铁索桥头，面对黄河，讲述母亲河的故事

然而，在国人看来，在为之忧虑的同时，毕竟不会忘记黄河是维系华夏民族的根——她凝聚着华夏民族的心魂，关系着中国半壁江山乃至整个中国的盛衰。试想，当遥在边远的黄河流域的贫瘠山林得以富裕、兴旺之日，不就是全中国全面繁荣昌盛之时吗？从物质文明的层面看，黄河似乎衰老了，但从精神文明的层面看，她又让我们充满信心。正如费孝通先生所言：“我们相信中华文化中还有许多特有的东西，可以解决当今人类面临的许多现实问题。”

1997 年，黄河河道因断流成为羊群觅食的场地

1998年初，中国科学院和中国工程院的163名院士，针对黄河断流问题联名向海内外炎黄子孙郑重发出呼吁：“行动起来，拯救黄河。”《呼吁书》写道：“只要每一位炎黄子孙行动起来，那么，赤地变青山之时，便是黄河流碧之时，伟大的母亲河——黄河，一定能重现昔日光彩；那么，今天的炎黄子孙，将无愧于时代，将无愧于后人！”是的，黄河创造了历史，一定还能够以艰苦卓绝的精神再

创造美好的未来。何况，古老的黄河还具有巨大的发展潜力。这里有丰富的资源，土地、水能、煤炭、石油、天然气、矿产等，在全国占有重要的地位，特别是这里的水能、煤炭、石油和天然气之丰富，被誉为我国的“能源流域”。这在当今面临能源危机的世界中是多么可贵。

黄河断流，举国关注，全球瞩目。图为1998年中国科学院、中国工程院163位院士在“行动起来，拯救黄河。”的《呼吁书》上的联合签名

除能源资源外，黄河流域矿产资源也很丰富。1990年探明的矿产有114种，在全国已探明的45种主要矿产中，黄河流域有37种，其中具有全国性优势（储量占全国总储量的32%以上）的有8种。黄河流域丰富的矿产资源，分布相对集中，这为综合开发利用提供了有利条件。黄河下游沿黄平原、黄河中游关中平原、黄河上游宁夏和内蒙古河套平原，是国家重点建设的农业基地；遍布大河上下的举世瞩目的文物古迹、文化遗产和无数雄险深邃、动人心魄的自然景观等旅游资源，这都是古老黄河留给我们的丰厚遗产。更为重要的是，用资源的意识看历史的积累，源远流长的中华文化，为我们提供了独特而又永恒的精神资源。

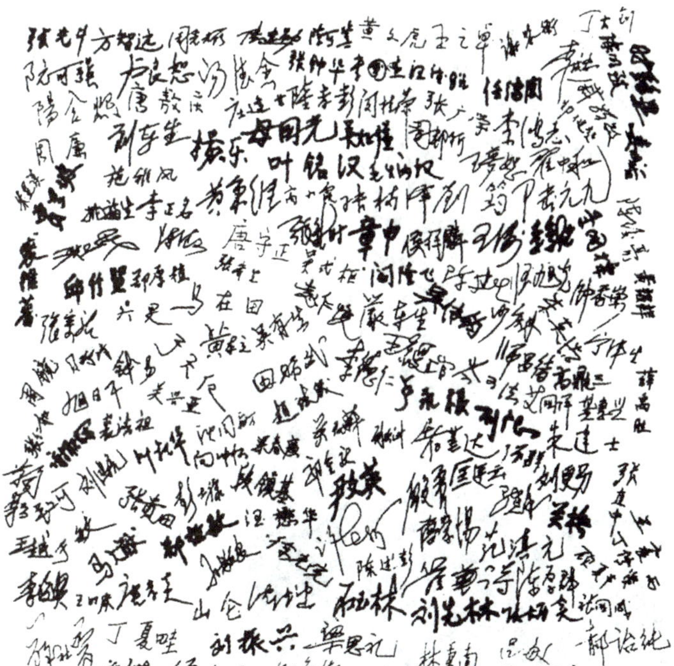

黄河的崛起，乃至中国的崛起，首先需要文化软实力的崛起。在这方面，我们的祖先留给我们许多许多，那是先人

们创造的结果，也是中华民族足以自立于世界的基础。当我们创造性地把中华文化的优秀传统进一步发扬光大的时候，伟大祖国的崛起与富强就离我们不远了。

“君住河之头，我住河之尾”，黄河上下游的“青年志愿者”集体宣誓，加入“保护母亲河”行列

几千年来，中国的农业文明从黄土高原和中原大地逐渐辐射开去，从黄河流域走向长江流域，再走向东南沿海。今天，从21世纪初开始中国实施的西部大开发战略，正在让我们看到并经历着一个相反方向的辐射：工业文明正从沿海扩展到长江流域，再向黄河流域辐射开去。一个社会可利用的资源多少，取决于它的技术水平。国家经济发展战略的西移，正为黄河流域经济社会的发展带来了难得的机遇。随着西部大开发战略的实施，孕育了“龙的传人”的黄河流域，一定会勃发出巨大的生机和活力。灿烂的五千年文化，一定会凭借深化改革扩大开放的春风，昂首阔步行进在新的征程。

触摸黄河生命的节律

无论从大河走过的历史中，还是由当代自然科学的发展趋势中，都再明白不过地显现出人类与大河彼此生命依托的密切关系。所以，人们提出治理黄河的终极目标是维持黄河健康生命。这不仅仅靠修建工程，还要建立一种至高无上的生态良知。黄河调水调沙，正是人类追寻与大河彼此抚慰、和谐共处的实际的践行。

小浪底水库库区

龙的崇拜，之所以会起源于黄河流域，正是源于这条大河的民族对它的生命之河的敬畏。对于一个历史悠久的农业大国来说，水与土的地位自然是既重且深。有土斯有粮，而水又是粮的命脉。远古的人类，在追逐、偎依着水、土而居的同时，又不得不诚惶诚恐面对大河洪泛的袭击。在青海黄河岸边发现的一处4000年前的遗迹中，发现数十具人骨，多为女性和孩子，其中母子相拥的人骨，让我们看到了4000多年前黄河长者以身佑子的深情，它再一次表明古代人类在洪水突发灾难面前的无能为力。

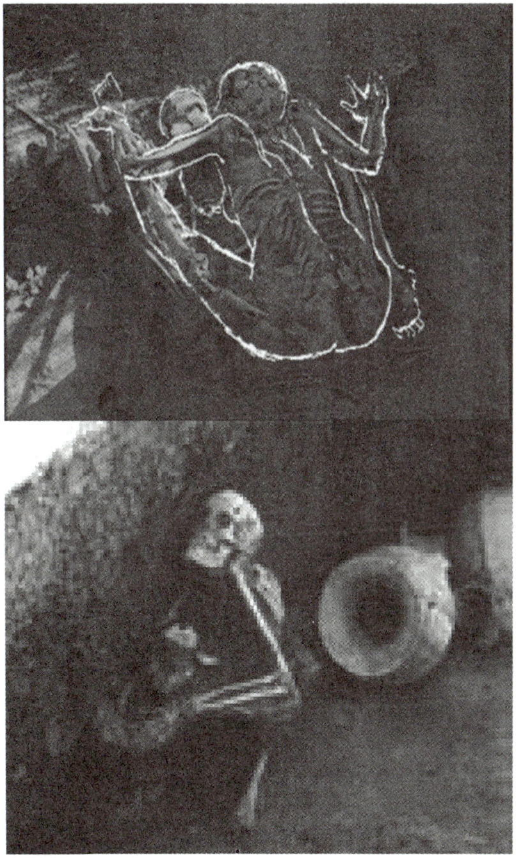

青海东南隅民和县黄河岸边的喇家村遗址发现的半地穴形状的房址内，一具具母亲以身佑子的遗骨慑人心魄，考古工作者通过对现场的考察，认为最有可能是一次特大洪水的侵袭夺去了这许多无辜者的生命

黄河在历史上的凶险与暴戾，恐怕在世界上众多河流中是少见的，加上此后与黄河同行的泥沙，又赋予了她最难驯服的复杂的性格。所以，数千年来，人们面对这条大河，既敬畏又无奈，一面寄深情于她的伟大和辉煌，一面又不得不应对并挑战于洪水泛滥与恶劣环境之中。从文明发展的角度来看，环境越困难，越能刺激与增强文明生长的积极力量。正是黄

河的暴戾，培育了中华民族一种生存的伟力。华夏文明，是从与大河的搏斗开始；尧、舜、禹的圣明，也正是在与大河之威的较量中建立起来。

历代的统治者，都把治理黄河作为安国兴邦的大事，许多朝代设立“河官”，统理治黄事宜，发卒修堤、开渠，除害兴利。黄河兴、社稷稳，黄河的治乱与历代政权的稳定向来有着密切的关系。

一部治河的历史，就是中华民族在艰难曲折中前进的缩影，时兴时衰，尽管其间不乏明君志士，但黄河下游的洪水灾害依然是我国历史上长期没有解决的重大问题。更久远的年代不说，仅在长达276年的明王朝时期，黄河就决溢143年；清代政权268年的统治中，有161年黄河决溢。黄河下游岸边的开封城，在历史上的六次漫灌中，最严重的一次曾使城内37万人有34万人葬身于黄水沙海之中。长期不断的泥沙淤积造成黄河下游的“地上悬河”，它就犹如悬在人们头顶的达摩克利斯之剑，世界上再难找到哪条河像黄河这样悬在头顶，可以想见，一旦决口其后果将是怎样的不堪设想。

黄河的泛滥使开封古城淤埋在数米厚的黄河之中，图中长标尺的底部是明周王府文化层，最底部为北宋皇城遗址层

不过，黄河无节制的疯狂泛滥的时代毕竟成为过去。1946年人民治黄以后，开始了黄河新的生命里程。黄河依然是黄河，但情况不同了。黄河在她的上游，依然奔腾不止，势如破竹。但她在奔腾中聚积的能量，变成了一座座大型水库，一处处水电站，龙羊峡、李家峡、刘家峡、盐锅峡、八盘峡、大峡、青铜峡、三盛公……一路

走来，构成了今日黄河一道道亮丽的风景。黄河在她的中游，依然穿过世界上最大的黄土高原，只是，当人们清醒地认识到治理黄河重在下游，症结在中游时，开始不遗余力地对黄土高原上的千沟万壑予以精心的抚慰，进行大规模的水土保持，防治高原的水土流失，积极开展对黄土高原的水、土、生物资源的保护，这样不仅部分地改善了人类生存的环境，而且为不少原有的野生动物提供了栖身之地。黄河在她的下游，依然以“悬河”的姿态傲视两岸，然而在黄河下游786公里的河段内，两岸共修建的1370公里的临黄大堤，成为约束洪水的坚固屏障，加上河道整治、分滞洪工程以及中游干支流的水库，初步形成的“上拦下排，两岸分滞”的防洪工程体系，确

刘家峡水利枢纽，刘家峡水库又名“炳灵湖”。两千多年前炳灵寺附近是黄河上的一个重要渡口，丝绸之路曾在这里经过

保了黄河的防洪安全。特别是小浪底水库的兴建和投入运用，为黄河下游的防洪安全、降低下游河道的淤积速度进一步提供了保证。

黄河洪水之所以桀骜不驯，成为中华民族的心腹之患，关键在于黄河“水少沙多，水沙不平衡”，以至于黄河泥沙在下游河道不断淤积。也就是说，黄河奇高的含沙量使水流无法将所有泥沙冲刷入海，淤积河道就成为必然。怎样把每年沉积黄河河床的数亿吨泥沙冲到海里去呢？

早在20世纪40年代就有学者提出黄河调水调沙这一设想。即通过调水调沙借助自然的力量，依靠大型水库的人工调节，创造一种能够冲刷下游河床泥沙的“人造洪水”，输沙入海。60年代，三门峡水库修建后出现泥沙淤积问题，此后考虑三门峡水库的经验教训，并依据在水库运用实践的经验、教训和思考，有人提出建设小浪底水库进行泥沙反调节的设想。70年代后期，人们再一次提出这一问题，并逐步将目光定格在小浪底。人们认为，对黄河不平衡的水沙

关系进行调整的关键，就在于建设扼下游河道之首且具有足够库容的水库，而小浪底正处于控制黄河水沙的关键部位。它可能控制的流域面积占黄河流域面积的92.3%，控制径流量和输沙量分别占全河总量的90%和近100%。小浪底位于黄河中游最后一段峡谷的出口处，也是黄河三门峡以下唯一能够取得较大库容的控制性工程。

1994年，黄河小浪底工程开工兴建，顿时，这座黄河岸边的小村庄，成为世人关注的地方。当2001年工程全部完成时，一座坝高

今日黄河下游

154米、库容126亿立方米的大型水利枢纽耸立在黄河干流上。小浪底水库的建成，不仅承担了防洪（包括防凌）、减淤的主要任务，而且兼顾供水、灌溉和发电等综合利用，同时使调水调沙的设想成为现实。从工程建成的第二年，即2002年，首次利用小浪底水库进行大规模的黄河调水调沙试验开始，连续三年的试验之后，2005年，调水调沙转入正式生产应用，并成为一项持续的黄河治理重要措施。从2002年到2008年，7年间利用小浪底进行了8次调水调沙，有效地减轻了下游河道淤积、发挥了冲刷下游河道的功能，使黄河下游主河槽的过流能力提高1倍多，由原来的1800立方米每秒提高到3810立方米每秒。

小浪底水库及联合其他大型水库的有效运用，遏制了黄河的断流，截止到2008年的10年来，黄河下游再未发生过断流现象。作为黄河母亲的儿女们，也获得了些许慰藉。

无论从大河走过的历史中，还是由当代自然科学的发展趋势中，都再明白不过地显现出人类与大河彼此生命依托的密切关系。人类靠大河去孕育文明，靠水维持生命，河流则只能在人类的尊重、善

小浪底水利枢纽

待、抚慰与和谐共处中永生。这不仅仅靠修建工程，还要建立一种至高无上的生态良知。所以，人们提出治理黄河的终极目标是维持黄河健康生命。不是吗？只有当我们赋予黄河丰富多彩的生命颜色，把握黄河与时俱进的生命节律，感知黄河与生俱来的生命重量，我们才会体会到大河与人类共存的分量，并把尊重大河的生存权利，作为人类的一种重要的道德规范，以实现人类与大河同生共存，聆听到大河永恒不息的跳动脉搏。

2002年7月4日9时，小浪底水库开闸泄水调水调沙

黄河文化，永远的世界遗产

伴随中华民族跌宕的历程，有数不清的古国文物流失海外，如今，世界众多的博物馆中都有中华“国宝”的珍藏，这既是中国人心头难解的结和痛，也让世界感受到中华文化的不朽魅力。博物馆是人类收藏记忆的殿堂。2007年5月8日——国际博物馆日的主题是“博物馆与共同的遗产”。这个主题向人们传达了一个信息，那就是，人类创造的遗产，是人类共同传承的宝藏。黄河文化，以她顽强不屈的精神与性格，以她接纳百川、兼收并容的气度，成就了她的过去，她也一定会在现在和将来的发展中，焕发新的生命力，成就她更加灿烂的未来。

从西岳华山上远眺黄河

从西侯度人匍匐前进的身影，蓝田人在亚洲大陆初现的足迹，周口店北京人吹启中华文明的序响，我们古人类的祖先就在广袤的黄土地上，在无边无际的漫漫时空变换中，创造了在全世界古人类文明中不可替代的黄河文明。就在这真实的历史存在中，文明沿着它特有的流动轨迹，不断渗透、融合、发展，上起三皇五帝，下至唐宋明清，最终铸就了“满天星斗、四面开花”而又独具特质、魅力无穷的伟大的中华文明。今天，当我们寻着历史的轨迹，走进时光的隧道，触摸一下祖先的生存印记，我们会情不自禁地赞叹与感悟，祖先留给我们的是何等昂贵的宝藏，是何等珍重的遗产。无论是有形的物质的，还是无形的非物质的，都构成了辉煌灿烂的历史文化遗产，它属于黄河，属于长江，属于全中国，属于全世界。

历史之美，在于其博大、雍容与神秘，恰似长夜的星空，而文明史就是这星空中最动人的星群。中国的黄河，埃及的尼罗河，西亚的两河流域，南亚的印度河、恒河，这四大文明发源地构成了人类神往的文明标志，而其中黄河文明——中华文明，是唯一不曾断裂的、顽强地彪炳于世界的文明，是世界上唯一没有衰微的大河文明的延续。石器、陶器、玉器、青铜器、铁器；文字、绘画、医药、儒道礼乐……中华文明在历史的发展中渗透融化到广泛的人类社会和精神世界的各个方面的文化遗物，不断地一一展示在人们面前。尽管中华民族历经风雨洗礼，历史上充满了太多的苦难和卑屈，并伴随跌宕的历程，有数不清的古国文物流失海外，这一方面成为很多中国人心头难解的结，另一方面，也让世界感受了中华文化的不朽魅力，成为世界共同珍重、神往的文化遗产。

创建于1926年的东方博物馆，坐落于瑞典斯德哥尔摩市中心一个称为船之岛的美丽小岛上。博物馆从建立到后来的发展一直都与中国有着不解之缘。安特生是瑞典著名的地质及考古学家，他因发现了周口店北京猿人遗址和中国古老的仰韶及马家窑文化遗址而享誉世界。当安特生结束了在中国的工作，带着大量的考古发现回到瑞典时，瑞典国会于1926年便决定以他发掘的中国文物为基础，设立博物馆，这就是东方博物馆。安特生也由此成为了博物馆的第一任馆长。

参观瑞典东方博物馆

瑞典东方博物馆保留的陶制人

东方博物馆是瑞典最先免费向公众开放的国家博物馆。多年来，博物馆组织的各种与东方文化相关的活动吸引了越来越多的参观者。在博物馆内外搭起的各种活动场地中，观众可以在中国书法家的帮助下，将自己的名字写成漂亮的中国字，孩子们还可以在博物馆艺术老师的指导下，学习画中国脸谱。

中国，这个东方神秘的大国和她的文化，所吸引的不仅仅是安特生和瑞典人。

在长期的中西方文化交流中，特别是从1840年鸦片战争以来，因战争、不正当贸易等原因，致使大批中国珍贵文物流失海外。据中国文物学会统计，在此期间，超过1000万件中国文物流失到欧美、

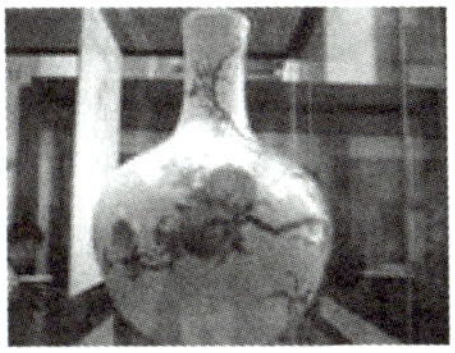
大英博物馆收藏品

日本和东南亚等国家及地区，其中国家一、二级文物达100余万件，精品达几十万件，这些流失的中国文物大多数散落民间。联合国教科文组织的统计则是另一个数字：在47个国家的200多家博物馆中有中国文物167万件，而民间藏中国文物是馆藏数量的10倍。

大英博物馆一向被认作是在中国之外藏有最多最好的中国文物的博物馆。它的历史可以追溯到1753年，共拥有藏品700万件。在大英博物馆收藏的中国文物，包括青铜器、陶瓷器、书画、玉器、雕刻品等，共计23000余件，其中许多是珍品、孤品。大英博物馆的33号展厅是专门陈列中国文物的永久性展厅，与古埃及、古希腊、古罗马和印度展厅一样是该博物馆仅有的几个国别展厅之一。该馆收藏的中国文物囊括了中国整个艺术类别，跨越了整个中国历史，包括刻本、书画、玉器、青铜器、陶器、饰品。从远古石器、商周青铜器，到魏晋石佛经卷、唐宋书画、明清瓷器，中国历史上各个文化登峰造极的国宝在这里皆可见到，且可谓门类齐全，美不胜收。其中1860年，英军从圆明园中所劫走的文物一部分献给了当时的维多利亚女王，另一部分被拍卖。仅献给女王的圆明园文物存放在大英博物馆的藏品就接近700件。

到大英博物馆参观，还不能不看它的大阅览室，这里是马克思写下《资本论》的地方，是无数英国文豪挥笔创作的圣地，而在2007年的9月，中国的秦始皇陵兵马俑在这里展出，轰动不列颠。

再看美国。美国纽约大都会博物馆，有着130多年的历史，拥有200多万件展品，说它是5000年文明史的缩影也毫不为过。大都会博物馆在建立之初，就收藏了大量来自中国的藏品。被单独开辟的中国馆，是最大的也是藏品最丰富的展馆。仅收藏中国的绘画就有近500幅。中国流失国外的文物，就绘画而言，美国收藏最多。除大都会博物馆外，华盛顿弗利尔博物馆收藏的中国绘画也有1200余幅。美国还是收藏中国地方志和古籍最多的国家。美国国会图书馆就有4000多种中国的地方志，全美有中国古籍善本3000多种，家谱2000多种。

美国维多利亚·亚伯特博物馆藏品（汉代）玉马首

人类学家常常把制陶术的发明作为区别蒙昧时代和野蛮时代的首要标志之一，玉器也是古人精神文化的重要载体。在中华上古史上，新石器时代的彩陶时代和玉器时代横跨了5000～6000年之久。一直延续下来各个朝代制作的彩陶、玉器，美轮美奂，成为揭示中华文明起源与发展的独特道路和特质的明证。如今，一件件中华“国宝”收藏于世界众多博物馆和收藏家手中。以收藏亚洲艺术品著称的法国集美博物馆收藏的中国陶瓷器品为最佳。从中国最早的原始瓷器一直到明清的青花、五彩瓷，各个朝代各大名窑的名品、精品应有尽有。

美国弗利尔艺术陈列馆藏品（汉代）乳丁纹璧

美国哈佛大学艺术馆藏品（战国）玉枕

汉语，特别是汉字，在世界文字中展现出独特的风貌。来自中国

①

②

③

法国（巴黎）集美博物馆收藏的中国瓷器
①“千花瓶”珐琅彩，乾隆，高48厘米
②珐琅彩瓷瓶，乾隆，高20.6厘米
③花鸟纹瓷盘，珐琅彩，雍正，直径20厘米

文字源头，安阳殷墟的甲骨片，一直为世界所瞩目。“七七”事变后，日本侵略者就在殷墟进行挖掘盗运活动，如今，日本也是收藏甲骨片最多的国家。在流失海外的近3万片甲骨片中，日本有近13000片。

敦煌学，作为一个专门学科，已成为世界学者们的研究专题。历经漫长的兵荒马乱年代，敦煌宝藏大多流失海外。敦煌遗书在我国国内至今仅存2万件，仅占三成；而藏于大英图书馆东方写本部有13700件，藏于法国巴黎国立图书馆有6000件，藏于俄罗斯圣彼得堡亚洲民族研究所12000件，藏于英国印度事务部图书馆近2000件，此外，日本、美国、瑞典、奥地利、韩国也均有敦煌文物收藏。曾经有一批研究敦煌的中国老学者呼吁追回百多年来被盗窃的敦煌经卷壁画，他们中有的悲愤慨叹，敦煌学，何以让外国人执牛耳！

如今，历史已翻去一页。绵延五千年的中华文明，和这个伟大的民族一起，已昂然挺立于世界民族之林，挺立于世界文明之林，放射出比任何时候都更加光辉的异彩。中国的文物、书画……以难以置信的高价出现在世界各地的著名拍卖行，还可以看到不少富裕起来的中国人和爱国者频频出高价从国外收藏家手中“买回”国宝，让它重回故里。汉语，成为世界人民喜爱的语言之一，汉语、书法、孔子学院……都在走出国门。几乎遍及世界的孔子学院的弟子们，不管他们的母语是哪一种，你都可以在那里听到用汉语诵唱的朗朗读书声。

“一个人的记忆，记载着一个人对一段时期的经历；一个民族的记忆，记录着一群人的历史变迁；而一个国家的记忆，谱写着一个时代、一个社会对数千年过往的感怀和传承！”（阎崇年等著《中国记忆》）而一个世界的记忆呢？正是要记录整个人类过往的历史中最震撼世界或者最动人、最精彩夺目的印记和历程。这样看，世界众多的博物馆对中华“国宝”的珍藏，也应该是我们的骄傲和光荣。每年的5月18日，是国际博物馆日。博物馆正是人类收藏记忆的殿堂，是人类过去的足迹，今天的镜子，明天的根基。2007年博物馆日的主题是“博物馆与共同的遗产”。这个主题向人们传达了一个信息，那就是，人类创造的财富和文化遗产，是应该共同传承的宝藏。黄河文化，以其顽强不屈的精神与性格，以接纳百川、兼收兼容的气度，成就了中华文明的过去，也一定会在将来的发展中，焕发出新的生命力，成就更加灿烂的未来。

参考文献

[1] 张碧波，张军.中华文明探源[M].上海：上海人民出版社，2007.

[2] 曹文柱，赵世瑜，李少兵.乾坤众生——阅读中国：社会史卷[M].上海：华东师范大学出版社，2006.

[3] 郭春辉.龙的国度[M].武汉：湖北少年儿童出版社，2007.

[4] 戴逸.插图版中国通史：国民读本[M].郑州：海燕出版社，2001.

[5] 任美锷.黄河——我们的母亲河[M].北京：清华大学出版社；广州：暨南大学出版社，2002.

[6] 王社教.中国古都的故事[M].济南：山东画报出版社，2007.

[7] 李雪梅.探寻黄河文明[M].北京：东方出版社，2004.

[8] 侯仁之，等.黄河文化[M].北京：华艺出版社，1994.

[9] 陈梧桐，陈名杰.黄河传[M].保定：河北大学出版社，2001.

[10] 许顺湛.黄河文明的曙光[M].郑州：中州古籍出版社，1993.

[11] 尤联元，张燕燕.我爱母亲河——黄河[M].武汉：湖北少儿出版社，2005.

[12] 吴祥定，等.历史时期黄河流域环境变迁与水沙变化[M].北京：气象出版社，1994.

[13] 黄河水利史述要编写组.黄河水利史述要[M].郑州：黄河水利出版社，2003.

[14] 范文澜.中国通史简编[M].修订版.北京：人民出版社，1964.

“世界文明摇篮丛书”出版工作委员会

图书在版编目(CIP)数据

黄河:拜谒龙的故乡/王志刚、许立新编著.—郑州:黄河水利出版社,2008.12 (2013.12 重印)
(世界文明摇篮丛书)
ISBN 978-7-80734-544-2

Ⅰ.黄… Ⅱ.①王…②许… Ⅲ.黄河流域-文化史-研究 Ⅳ.K292

中国版本图书馆 CIP 数据核字(2008)第 202632 号

出 版 社:黄河水利出版社
地址:河南省郑州市顺河路黄委会综合楼 14 层 邮政编码:450003
发行单位:黄河水利出版社
发行部电话:0371-66026940、66020550、66028024、66022620(传真)
E-mail:hhslcbs@126.com
承印单位:河南地质彩色印刷厂
开本:889mm×1 194mm 1/24
印张:14
字数:243 千字 印数:6 001—9 000
版次:2008 年 12 月第 1 版 印次:2013 年 12 月第 3 次印刷

定价:35.00 元